改造焦慮大腦

善用腦科學避開焦慮迴路，
提升專注力、生產力及創意力

Dr. Wendy Suzuki

溫蒂・鈴木————著

呂佩憶————譯

GOOD
ANXIETY

獻給

我的父親鈴木雄，
我的弟弟大衛・鈴木越志。
謝謝你們，我想念你們，
我愛你們。

目次

第三部 **把焦慮變成朋友**
——平靜、翻轉和引導焦慮的工具

讓「焦慮」成為
你的人生助力

我們生活在焦慮的年代。焦慮就像一種人們已習以為常、無所不在、有害的臭味,已經成為生命中恆常的狀態。從全球疫情到經濟崩潰,再到激烈的日常家庭中的挑戰,我們有很多合理的原因感到焦慮。新聞二十四小時不斷播放,持續的社交媒體資訊流入,只是令這種不安感加劇而已;我們身邊有太多資訊需要過濾、太多刺激令人無法放鬆。日常生活的壓力似乎無可避免。

焦慮感真的是必然的嗎?是的⋯⋯但並不是我們想的那樣。

我剛開始研究及撰寫這個主題時,是在紐約大學的神經科學實驗室裡。當時我並不認為自己是個容易焦慮的人。直到我開始注意到我的研究對象、朋友、實驗室同仁、同

僚，甚至是我自己用以下這些詞彙來形容自己的感覺：

擔心、焦躁、壓力很大、注意力不集中、
覺得無聊、悲觀沒有動力、緊張、想小睡一下、
防禦心很重、害怕、睡不著

你也這麼覺得嗎？用 Google 簡單搜尋一下就會發現，大約有十八％的美國人，也就是四千萬人，患有其中一種嚴重的焦慮症，其中包括恐慌症、創傷後壓力症候群（Post-Traumatic stress disorder，簡稱 PTSD），以及廣泛性焦慮症（Generalized Anxiety Disorder，簡稱 GAD）。但是這些正式被診斷的數字，只不過占焦慮人口數的一小部分而已。全世界有上億的人口患有低程度、非臨床但持續令人疲憊的焦慮症——這是很普遍的焦慮類型，幾乎所有人一生中都發生過。

你知道有些時候，即使已經筋疲力盡，卻仍擔心得夜不成眠？或是一直有待辦事項令你覺得永遠無法好好休息？或許是一直分心，令你無法專心讀完一篇雜誌文章，更不用說思考一個問題了。你是否曾經有一種疏離感，令你無法親近家人和朋友？你可能很熟悉其中一種或所有的跡象，我將

這些稱為「日常的焦慮」。是的，焦慮會透過很多種方法出現在生活中。就算你不覺得焦慮，可能也同意現代人的生活幾乎總是充滿壓力。

最近的估計顯示，生活中會發生令人焦慮的事，並且影響九成的人口──真的很驚人，而且包括我也是，我們經常會放棄並且認為自己沒有別的選擇，只能接受焦慮是人生的必然，不論是什麼類型的焦慮，都會令我們疲憊、不快樂、降低性慾等，並且無法親近朋友和我們所愛的人。也許有時候我們的狀況不錯，焦慮似乎消失了一段時間，但很快地，我們又會陷入恐懼、擔憂和無止境的「萬一……怎麼辦」的憂心之中。

因為這些症狀並不被認為很嚴重或是令人無法行動，所以日常的焦慮通常沒有被治療，即使焦慮的副作用會嚴重影響日常生活、交友、工作能力、感受喜悅和享受生活的能力，及接受全新又有趣的專案或目標或改變的意願。不過，日常焦慮確實會影響我們的生活。

大多數人只是被動接受這些壓力源，認為這是人生無可避免的一部分。事實上，由於我們所處的環境，持續的緊張、睡眠不足、分心以及擔憂似乎是很正常的事。的確，有些人可能不覺得焦慮存在於自己，而是存在於自身之外的整

體壓力，彷彿是一片籠罩著他們的烏雲，因為跑得不夠快而逃不了。

我剛開始對焦慮感興趣時，我想將我對於動作和大腦（我的第一本書的主題）的突破性研究，應用於幫助人們更有效管理焦慮。我的目標是解決身邊看到的焦慮危機——我在紐約大學校園、我做研究的幾所高中、一些才華洋溢且努力工作的朋友與同僚，還有我在世界各地旅行時觀察到的情況，反映了我讀到的統計數字。我相信，而且我的研究也確認了運動、適當的營養和冥想，可以減輕和緩衝焦慮。但是我一開始沒有想到焦慮竟然這麼複雜；**如果我們只是設法逃避、甩掉或緩和焦慮，這樣不只無法解決問題，而且還會錯失運用焦慮的力量來提升生產力的機會。**

當我愈來愈投入這個領域的研究後，我發現焦慮完全不同的一面：當然，焦慮令人不舒服，但這就是焦慮的功用。比較極端的焦慮（仍不是臨床焦慮的程度，而是源自生活中最充滿挑戰性、壓力最大的時刻）會造成破壞，這是毫無疑問的。但是大部分的人，包括科學家、內科醫師和治療師在內，通常都會忽略人類感受到的焦慮，其實對生存來說很重要。換句話說，焦慮對我們來說，是好事也是壞事。

這樣的矛盾引起了我的注意。在我四十歲生日前，遭

遇所謂的中年危機，我對人生感到非常不滿足。我比正常體重還胖了二十五磅（約十一公斤），我每天都工作一整天。我感到沮喪、孤單，感覺沒有能力讓自己擺脫這個瓶頸。因為我是科學家，所以透過擅長的事來幫助自己，我決定用黃金標準對自己做個實驗，也就是在實驗室進行隨機控制研究。最後我發現，**運動、營養和冥想，不只能用可衡量的方法來減重、提升生產力、記憶力和專注力，而且這些身心策略還能改變大腦，更精確來說，是改變我們與焦慮的關係。**

可以衡量大腦的改變，是這個研究真正令人感到滿足的成果。但是，我還親自體驗到另外的一線曙光：在改變了生活方式後，我明顯感覺好多了。我變得更快樂、更樂觀、焦慮感少了很多。我得承認，我本來只想要減肥、讓身材變好一點，沒想到整體身心都變得更好了。我所進行的改變，使我的感受變了，感覺到不同的喜悅、投入和滿足感，這些都是我以前沒想過的。

所以我一邊想著焦慮，一邊回去尋找以前的資料，想看看負面情緒變成正面，這種轉變背後的原因。在將自己進行的全新跨領域分析資料同步後，我發現原本的沮喪和不安，其實都是焦慮的神經生理和心理表現。**當我們遭遇負面刺激或壓力時，焦慮的本質就是激發和啟動大腦與身體。大**

腦和身體是相連的（沒錯，因為是相連的，所以我才會在本書中用「腦－身體」這個詞來指這個系統）。當我開始追蹤焦慮，以及更多正向展望、提升自信心、快樂明顯提升之間的關聯，和背後的神經生理學根源時，我發現焦慮並沒有消失；而是從負面的狀態變得更正面了。

是的，我的焦慮似乎是嚴肅、充滿競爭的事業中必然的一部分。但我開始把焦慮視為神經激發或刺激，且對我的生活有各種不同的作用。焦慮的激發就像一種能量，至於會是正面或負面的能量，就要視個人如何回應某個壓力源或是外在的力量。我發現，我對壓力（例如太多截止期限、工作太多天而沒有休息或好好放鬆、吃太多糖和油膩的食物，再加上太少運動或根本沒有運動）產生的負面反應，並造成負面想法時，我選擇以運動、好的飲食和冥想來應對，而這些改變造成的神經生理反應給予我正面的感受。焦慮令我改變生活方式，成為我生活中的愉悅來源。

這麼看來，焦慮並非一定是壞事。我們如何體驗焦慮的激發，就視我們（或腦－身體系統）如何解讀和管理外部壓力源。外部壓力源可能會引發焦慮，造成憂慮、失眠、注意力渙散、缺乏動力、恐懼等等。但是，外部壓力來源也可能造成好的反應。例如有些人在公開演講前會感到焦慮，而

有些人則覺得站在群眾面前是很刺激、令人興奮的事。並沒有哪一種反應方式比另一種更好；應該是說，對壓力的反應呈現的是，一個人在任何時候管理壓力的方式，以及他們過往的經驗結合。如果壓力反應會根據感受而有所改變，那我們就有可能控制自己的反應。

焦慮也可以是助力

焦慮是動態的，而且是可以改變的，我覺得這個想法非常不可思議。當然，焦慮是人生無可避免的一部分，沒有人能免疫。但是對焦慮有更完整的了解，讓我不再受困於焦慮。我不再把這些感覺當成必須逃避、壓抑、否認或抵抗的事，而是學會利用焦慮來改善生活。真是令我鬆了一口氣。我和所有人都一樣，總是會遇到一些令人焦慮的事。但是，現在我知道該怎麼處理那些不請自來的負面想法了。我可以認出相關的訊號，然後調適自己，減輕壓力、讓身體平靜下來或是讓心情平復，這樣我就又能思路清晰、找到平衡。不論是對個人、工作和某些情緒上，都是一大幫助。我從工作中感覺到更多的滿足感和意義，工作與生活終於達到平衡，這是以前感覺永遠得不到的。我也更能享受生活、找到時間

從事不同有趣的事，感覺更放鬆，可以思考對我來說最重要的事。我希望你也能有這樣的感覺。

　　人們傾向把焦慮當成壞事，是因為我們只把焦慮和負面、不舒服的感覺聯想在一起，總覺得自己失控了。但是當我們以更客觀、精確而且完整的方式，來了解焦慮背後的神經生理學，就能以不同的角度來看待焦慮。是的，承認自己沒有發覺但卻主導著我們的想法、感覺和行為的反應模式，的確是一個很大的挑戰。如果你一想到公開演說就覺得很焦慮，那麼你的腦－身體或多或少就是主導著你的反應，除非你有意識地干預並且改變反應。但我親自看過，我們可以干預，並針對焦慮創造出正面的改變。

　　壓力與焦慮之間的動態互動，對我來說很合理，因為這讓我回到我的神經科學研究領域：神經可塑性。大腦的可塑性並不表示大腦是塑膠做的，這表示大腦可以適應，並回應所處的環境（可能是好的或是具有破壞性的方式）。我對認知和情緒改善的研究基礎，就是大腦是「適應力極強」的器官，大腦需要壓力才能活著。**換句話說，我們需要壓力。就像帆船需要風才能行進一樣，腦－身體需要外部的力量來敦促它成長、適應，才不會死亡。**當風太大時，船前進的速度可能太快而有危險、失去平衡、沉沒。當腦－身體遇到過

多的壓力，就會開始產生負面的反應。但是如果沒有足夠的壓力，就會像在高原滑行一樣平穩。這種高原現象感覺，從情緒來看很無聊或無趣；生理上感覺起來像是成長停滯。當腦－身體有適當的壓力，運作就會達到最佳狀態。沒有壓力就會傾倒，就像帆船沒有風提供動力一樣。

就像身體的每個系統一樣，與壓力的關係重點在於達到恆定性（homeostasis）。當我們遇到太大的壓力時，焦慮會逼著我們去調整，讓我們回到身心平衡的狀態。當我們的生活有適當的壓力時，會感覺到平衡——這就是我們一直在尋求的身心平衡狀態。這也是腦－身體的焦慮運作方式：以動態的方式來呈現出目前的生活中，是否有壓力。

當我開始改變生活方式，開始冥想、吃得健康、固定運動，我的腦－身體就開始調整、適應。與焦慮相關的神經路徑重新調整時，我的感覺非常棒！我不再感到焦慮了嗎？並沒有。但焦慮以不同的方式出現，因為我以更正面的方式來回應壓力。

焦慮就是這樣從我們想避免、擺脫的事，變成提供資訊、有益的事情。根據我的實驗和對神經科學深入的了解，讓我學會的不只是如何投入全新且不同方法來強化心靈健康，包括透過運動、睡眠、飲食和新的腦－身體練習，而且

我還和焦慮保持距離，學習如何組織我的人生，以適應甚至是欣賞焦慮。這就是焦慮對我們有幫助的地方。我在紐約大學所做的實驗，讓我開始看到一些介入方式（包括運動、冥想、午睡、社交刺激），不僅對降低焦慮的成效最好，也能改善情緒和認知狀態，包括最受到焦慮影響的專注力、注意力、憂鬱和敵意。

了解焦慮的運作方式，就是本書的主題，也是本書對讀者的保證：了解焦慮在大腦和身體裡的運作方式，並且運用這個知識來使自己的感覺更好、思路更清晰、變得更有生產力，以及達到最佳的表現。在接下來的內容中，你會學習到如何利用焦慮、憂慮和廣泛的情緒不安等，來建立新的神經路徑，並且找到新的思考、感受及行為的方式，藉此改變你的人生。

我們與生俱來的適應能力，給予我們力量去改變及引導想法、感受、行為，以及與自己和其他人的互動。當你採取某些運用焦慮的神經策略時，你會開啟一道門，更深入、有意義地啟動你的腦－身體。你將不再感覺受制於焦慮，而是能以具體的方式控制焦慮。焦慮變成一種工具，可以強化大腦和身體在各方面的反應，包括情緒、認知和生理。這就是我稱為「焦慮的超能力」。你將會從原本只是適當地運作

身心，變成以更高、更有滿足感的方式運作；你原本只是過著平凡的生活，將會變成過著超凡的生活。

本書將我們對可塑性的所知，用來創造適應壓力的策略，並把焦慮當成警告的訊號和機會，將焦慮的能量用於好的地方。每個人對於正向的大腦可塑性都有不同的偏好，因為每個人的焦慮呈現方式各有不同，但當你學會如何反應、如何管理不舒服的感覺，以及該如何應對以達到恆定性時，你就會發現焦慮的超能力。

焦慮可以是好事，或是壞事。至於是好是壞，其實是你可以決定的。

第一部

焦慮的科學

Chapter

1

什麼是焦慮？

　　日常生活的壓力經常會令我們覺得喘不過氣來，這不只是比喻，也是真實的感受，每一天都彷彿像登山一樣辛苦。經常夜晚睡不著，白天很容易分心，而且把注意力集中在壞事上。生活中充滿了責任、憂慮、不確定性和懷疑。我們被很多東西過度刺激，包括害怕錯過（FOMO，fear of missing out，中文為錯失恐懼症），不論這種感受是否是因為使用 IG、推特或臉書，還是看網路新聞所造成的。對很多人來說，面對現今的世界，焦慮似乎是唯一適當的反應。

　　人們會以不同的方式稱呼焦慮，但其實就是心理與生理對壓力的反應。我們的身體無法分辨造成壓力的情境究竟是真的，還是自己想像或假設的。但是了解觸發焦慮的神經生物學，以及焦慮發生時，我們的大腦和身體內發生的情

況，就有可能學會將自己的感覺分成較小的片段，然後移動和管理這些感覺。我們也可以運用焦慮的能量來達到好的結果。焦慮的確就像能量一樣。你可以把焦慮想像成你對事件或情境的化學反應：如果沒有值得信任的資源、訓練和適當的時機，這樣的化學反應可能會失控——但焦慮也可以被控制並運用，以達成好的結果。

當威脅出現時，便會產生焦慮

想像妳是生活在更新世時期（Pleistocene Epoch，是一個地質年代，至今約二五〇萬至一八〇萬年前，人類就是在此時出現）的女人，妳居住在一個狩獵採集的部落。妳的工作是在淺河床附近採集食物，距離妳的游牧帳篷營地約五百碼。妳把十二個月大的寶寶揹在背上，並且在河岸邊的矮樹叢中彎下腰去尋找可食用的植物。忽然間，妳聽到附近傳來窸窣聲。妳馬上就僵住，停止所有的動作。妳不動聲色地蹲下來，以免驚動到寶寶，同時也是在躲避可能的攻擊者。妳聽到更多窸窣聲，然後就開始估算這聲音是從多遠的地方傳過來的。妳的心跳開始加快、腎上腺素快速流竄全身、呼吸變得短而淺，雙腿肌肉緊繃準備奔跑或是反抗。

　　妳現在所做的就是威脅反應：即是對可能的危險，會產生的自動反應。如果妳站起來看到的是一頭正在潛行覓食的大貓，那麼焦慮反應就是正確的，而且腎上腺素會強化妳對於最佳生存機會的評估能力，妳可能會僵住不動、逃跑或戰鬥。如果妳站起來，看到剛才的窸窣聲原來是一隻低飛的鳥兒造成的，妳的心跳就會慢下來，逐漸恢復正常速率。腎上腺素和恐懼的感覺很快就會消退，妳的大腦和身體就會回到正常狀態。

　　這是焦慮的第一級：對威脅的自動化處理方式。大腦中這塊古老的部分運作得非常快，而且是自動的反應，我們幾乎不會察覺它的運作。大腦生來就是如此，這是為了確保我們的生存。大腦會傳送訊號給身體，而身體的反應就是心跳加速、手心流汗、腎上腺素和皮質醇飆升，而且消化和生殖系統會停止運作，這樣妳就能更快逃跑，或是集中力氣保護自己和後代。

　　現在再來想像一下另一個情境，這次的時間是二○二○年，妳獨居住在郊區小鎮只有一間臥房的平房裡，房子的後面是一條小巷子。現在的時間是晚上，妳正在泡茶，準備享受最喜歡的最新一集電視節目。妳把電熱水壺插電，然後尋找櫥櫃裡的餅乾時，聽到從後門傳來東西傾倒的聲音。妳

的心跳加速、靜止不動並恐懼地盯著門：「有人闖進來嗎？有人會傷害自己嗎？」一開始妳不敢動，然後決定看看廚房窗外。結果瞥見在附近生活的浣熊。然後妳想起來，上個星期才收拾散落滿車道的垃圾。然後妳就繼續泡茶、看電視，但不知怎麼的就是無法安下心來。妳覺得焦慮，開始擔心社區是否安全、是否該找個室友、是否該搬家，或是住在較高的樓層，才不會這麼接近街道。然後妳想起最近闖空門的案件激增，妳在想也許該買一把槍保護自己。妳發現自己對於拿槍這件事，忽然感覺害怕又困惑。妳無法好好欣賞節目，於是關掉電視並決定吃一顆非處方箋安眠藥讓自己睡著。妳只想用睡覺來甩掉所有可怕的感覺。

雖然這兩個只是假設的情境，而且相距數百萬年，但都與焦慮的觸發和體驗有關，但是結果卻不相同。

我們先來看看兩個情境的共同點。在妳的意識察覺之前，大腦就已經偵測到可能的威脅或危險，並傳送訊號給身體，以做好準備，採取行動。這個反應有部分是生理性的，呈現的方式是心跳加速、腎上腺素激增，以及呼吸短促──這些都是要讓妳能夠快速行動，不是逃跑就是防衛。這也是由皮質醇所觸發所的情緒性反應，在兩個情境中呈現的方式是立即感到恐懼。這個威脅反應通常被稱為「戰鬥、逃跑或

僵住」（fight, flight, or freeze），這個反應會在百萬分之幾
秒內發生，此時妳的大腦試著釐清某個刺激是否是真的威
脅，應該盡快逃跑、對抗潛在的威脅，還是要僵住不動、原
地裝死。

　　這個反應是由我們的中樞神經系統特定的部分所控
制，稱為交感神經系統（sympathetic nervous system）。
交感神經主要的通訊管道位於脊椎外側，是一個自動運作的
系統，不由我們的意識所控制。它會造成一連串的反應，包
括心跳加速、瞳孔放大，以便聚焦威脅的來源、胃部不適
（這顯示血液正快速湧出消化系統，流入肌肉以便快速行
動），讓肌肉做好準備以便逃跑或作戰。在危險的情況下，
生理系統一旦被啟動，會對我們有幫助。對於恐懼的生理反
應以及情緒感受，都必須是自動發生的，以便讓我們將注意
力集中於立即的危險。

　　這是我們對威脅與生俱來的反應，是腦－身體用來保
護我們的方式，正如感到恐懼而強化生理機能，是在保護我
們一樣。

　　在第一個情境中，當女子判斷自己沒有立即的危機
時，她的腦－身體就重新設定。在第二個情境中，女子即
使是看到浣熊，焦慮反應也沒有解除。她的腦－身體陷在

害怕的感覺中，她的感覺失控了。全球頂尖的神經科學家，也是我在紐約大學（NYU）的同僚約瑟夫‧勒杜教授（Professor Joseph LeDoux）解釋：「**當立即的威脅出現，就會發生恐懼的狀態；而當威脅有可能發生，但不確定會發生時，則會造成焦慮狀態。**」

勒杜區分恐懼（真實威脅出現時的體驗），以及感受到或想像的危險（焦慮的情緒感受）之間的差異。更新世時期的女子感受到強烈的恐懼，同時身體也產生變化；而住在小房子裡的女子感受到的焦慮，則是拖了比較久、持續的情緒感受，而且她無法停止這樣的感受。

早期的焦慮研究著重於將這個潛意識、與生俱來的恐懼反應，視為演化的適應機制，這是天生的自然反應而且對我們有幫助。這是大腦給我們訊息，要我們注意可能的危險，而且是受到生存直覺所驅動。但是當人類隨著時間演進，我們的世界變得更複雜、更有結構、更想要社交，但大腦並沒有跟上環境中愈來愈多的社交、智力和情緒的需求，所以我們會覺得無法控制焦慮。這個系統深植於原始大腦中，但它並不善於評估威脅的微小差異。雖然前額葉皮質（prefrontal cortex，也就是所謂的大腦上部負責做決策的〔執行〕區域）透過理解能力，可以幫助我們無視這些和恐

懼有關的自動反應，但我們的原始大腦，尤其是和自動威脅反應有關的區域，運作的方式仍和數百萬年前一樣。這個機制解釋了為什麼在非洲大草原的更新世女子，和在小鎮裡的現代女子，一開始對於噪音的反應非常類似。但卻只有較進化的女子才感覺到揮之不去的焦慮，並且想出許多「萬一」發生的事。當更新世女子一評估沒有立即的威脅要恐懼時，她就繼續過日子。但郊區的現代女子卻是深陷於壞焦慮中。

有些科學家，例如神經生物科學暨靈長類動物學家羅柏·薩波斯基（Robert Sapolsky）就發現了一個令人難以接受的事實。

事實上，我們的腦部並沒有什麼改變，因此無法適應目前生活在非常不同、更複雜的社會環境。這個比較原始的大腦（通常稱為邊緣系統〔limbicsystem〕，包括核心的杏仁核〔amygdala〕、腦島〔insula〕和腹側紋狀體〔ventral striatum〕）對感受到的威脅，仍會產生並且觸發第一級、自動的情緒反應，但是現代人的大腦並不會自動區分真正的威脅和想像的威脅，導致我們經常困在焦慮的狀態中。

薩波斯基指出，由於缺乏分辨的能力，導致個人或是社會文化經常處於慢性壓力狀態中。我們無法過濾環境中可能的威脅，而且無法停止對這些威脅的情緒性、心理性和

生理性的反應，就算只是想像的威脅也一樣。這些不受控的反應會傷害我們的健康，並造成幾乎是持續的負向迴路（negative feedback loop）──這就是日常焦慮的本質。

　　薩波斯基和其他研究員顯示，我們的腦－身體系統處於長期的威脅啟動反應──但不是因為真正的危險，例如大草原上的獅子。相反地，吵鬧的都市環境、疾病或貧窮的壓力、情緒虐待或過去創傷的壓力，都使我們的壓力更大。但是不論壓力大或小，或是看似不重要的創傷，我們的腦－身體並不會自動區分潛在的威脅以及過度的刺激。這會導致身體啟動風險評估程序，即使只是經過的消防車也會觸動這個程序。哈佛兒童發展中心的傑克·雄科夫（Jack Shonkoff）和研究員在一個令人難過的研究中發現，**童年時期和持續曝露在極端的壓力中，會造成大腦近乎永久性的適應不良，會影響智力和執行功能。壓力源包括沒有穩定的食物來源，以及直接或間接遭到身體或情緒虐待。**

　　的確，我們對想像的威脅所產生的反應，通常是壞焦慮所造成的，包括長期的憂慮、不專心、身體和情緒不安、感到悲觀和陰沉、懷疑別人的意圖、感覺無法控制自己的人生。夜深人靜時，總是會想到很多的「萬一」，或是因為擔心健康或人生中其他非預期的創傷性事件，而令自己夜不能

眠。當我們困在這個迴路中時，就會深陷於腦－身體的反應中，最後變得適應不良。

簡化的大腦恐懼／壓力／焦慮迴路

　　雖然科學家仍在研究，試圖完全理解與威脅有關，或應該說與壓力反應有關的所有大腦區域，以及互相連接的迴路，但科學家大致都同意，下頁圖中顯示的大部分區域都有緊密的關係。威脅刺激很快就會被位於顳葉（temporal lobe）深處，一個小小的、杏仁形狀的杏仁核偵測到。你可以把杏仁核想像成原始腦的主導者，並把前額葉皮質（prefrontal cortex，PFC）想像成上半腦的主導者。當杏仁核對（真正的或想像的）威脅刺激產生自動反應時，就會啟動很多區域，包括控制交感神經系統的下視丘（hypothalamus），以回應威脅或引發焦慮的刺激。

　　交感神經系統透過腦部的下視丘和腦下垂體（pituitary gland），然後啟動釋放皮質醇（在腎上腺產生的荷爾蒙），使心跳和呼吸加速、釋放醣（能量），讓身體準備好行動（交感神經系統是指自主神經系統中，讓身體在「戰或逃」情境下準備好做出反應的部分，這是由下視丘所控制的）。

在現代環境中的壓力反應下，這個循環發生時會持續分泌與
釋放皮質醇。

　　另一個思考大腦如何處理情緒與思想的方式，就是
「下半腦」的功能，以及「由上而下」的運作。「由下而上
的」腦部流程是指下半腦（也就是杏仁核和邊緣系統的其他
部分）到皮質的自動引發情緒的腺體，以協助處理強烈的情
緒反應（所謂的「下半腦」，是指腦部皮質以下的部分〔皮

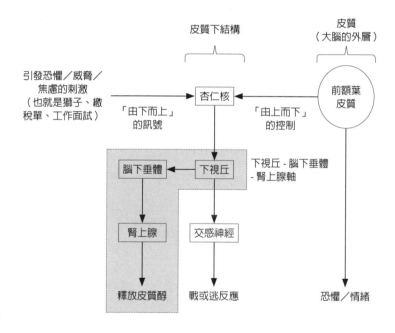

圖1　腦–身體系統的恐懼與情緒迴路

質下，subcortical〕）。「由上而下」的大腦機制通常是來自前額葉皮質，並控制下半腦的區域，例如對刺激產生強烈情緒反應的杏仁核。然後下視丘－腦下垂體－腎上腺軸（hypothalamic-pituitary-adrenal axis，HPA）會管理下視丘和腦下垂體之間複雜的互動，這兩者控制腎上腺釋放壓力荷爾蒙皮質醇。

當焦慮太嚴重時，有可能變成疾病

要理解焦慮，可以把它想成一個量表，一端是臨床疾患，而日常的焦慮則占了量表上絕大多數的部分。

本書談的是日常的焦慮，但值得一提的是，被診斷患有臨床焦慮症的人數非常驚人。目前美國有二八％的人，一生中曾被診斷患有某種類型的焦慮症，也就是超過九千萬人。

心理學家和精神科醫師，按照症狀的發展和顯現，將焦慮症分為六種類別：

• 廣泛性焦慮症（Generalized Anxiety Disorder，GAD）

這是最常見的症狀，指被日常生活中的各種憂慮淹沒，包括家庭和人際關係、健康、工作或事業，以及金錢。

患有廣泛性焦慮症的人無法停止擔心，而且通常會無法看清威脅的真相。根據美國焦慮與憂鬱協會（Anxiety and Depression Association of America，ADAA）的說明，廣泛性焦慮症的症狀包括：

- 持續感到擔心或覺得即將發生危險
- 呼吸急促
- 睡不著
- 難以專心或維持注意力
- 腸胃持續感到不適

· 社交焦慮症（Social Anxiety Disorder，SAD）

通常被稱為社交恐懼症。患者對社交場合感到恐懼，擔心別人怎麼看自己，以及他們是否屬於某個社交團體或被接納。極端的社交焦慮症可能觸發恐慌（請參閱下頁有關恐慌症〔panic disorder〕的說明）。根據美國焦慮與憂鬱協會的說明，許多有社交焦慮症的患者，身體會出現很明顯的症狀，包括：

- 心跳快速
- 噁心想吐
- 流汗

有些極端焦慮的人會發展出恐慌症，特色是忽然感到強烈的警覺或恐懼。根據美國焦慮與憂鬱協會的說明，恐慌症通常伴隨以下情形：

- · 流汗
- · 顫抖或發抖
- · 呼吸急促感或窒息感
- · 窒息感
- · 胸痛或不舒服
- · 噁心想吐或腹部不適
- · 暈眩、不自在、頭昏眼花或昏厥
- · 感覺冷或熱
- · 感覺異常（麻痺或刺癢感）
- · 失真感（derealization，感覺不真實）或是自我感消失（depersonalization，感覺脫離自己的身體）

· 強迫症（Obsessive Compulsive Disorder，OCD）

這類焦慮症呈現的是強迫性行為，或是反覆的思維模式。一開始某些行為可能是用來減輕焦慮的應對策略，但後來行為本身卻變成了問題，反而使焦慮惡化而不是減輕。根據美國焦慮與憂鬱協會的說明，強迫症的患者可能過於憂心

汙染、執著於乾淨，而且需要把物品對稱擺放。常見的強迫症包括檢查、清潔／清洗和排列物品。

- **創傷後壓力症候群（Posttraumatic Stress Disorder，PTSD）**

　　是「經歷或見識過天災、重大事故、恐攻事件、親愛的人忽然死亡、戰爭、暴力人身攻擊，例如性侵，或是其他威脅生命的事件」的人，其常有的心理健康狀態。根據美國焦慮與憂鬱協會的說明，美國有八百萬人（約占人口的七％至八％）有創傷後壓力症候群。這種疾患有三種主要症狀：

　　　　・透過侵入性的痛苦回憶事件、瞬間恐怖經驗再現（flashback）和惡夢，反覆經歷創傷
　　　　・情緒麻痺和避開會回想起創傷的地方、人和活動
　　　　・警醒度增加（increased arousal），例如難以入睡、無法專注、感覺焦躁、暴躁和易怒

　　除了上述的情況，有些焦慮疾患呈現為特定的恐懼症，這種情況下的焦慮是與痛苦的事有關，或是非理性的恐懼。常見的恐懼症有恐懼飛行、恐懼昆蟲、恐懼封閉的空間，例如電梯，恐懼橋梁或懼高。恐懼症是非常強烈的恐懼，人們會想方設法避開恐懼的來源，因此每天會避免做某

些事。

　　一定要記住，這些類型的疾患都有程度的分別，並且視壓力的量和類型而定，焦慮與恐懼的強度和持續的期間也會不同。**許多嚴重的臨床疾患可以用精神藥物（psychopharmacological medicine）來控制，藥物可以抑制或轉移神經系統，並減輕焦慮。**

　　美國焦慮與憂鬱協會開發了一張表（見下頁表格），幫助我們區分日常焦慮和臨床焦慮（焦慮症）疾患。

　　看看這些特徵，其中許多日常焦慮的跡象看來很熟悉，而且可能不嚴重。臨床疾患比較嚴重且具有破壞性。要記住的是，焦慮基本的生理學大致上是一樣的；差別在於表現的方式不同。焦慮是可以改變、可調整的，就像我們大腦的其他特色一樣。好消息是，我們有能力可以控制日常的焦慮。確實，我們古老的神經生理是可以更新的。**我們可以有意識地使用和運用神經可塑性（neuroplasticity）的原則，並學習如何更有效率地管理環境中的壓力源，才不會被焦慮所控制，而是由我們來控制焦慮。**

你的焦慮屬於哪一種？

日常焦慮	焦慮症
擔心繳不出帳單、找不到工作、和情人分手，或是人生其他重要的事件。	持續且毫無根據地憂心，導致嚴重的痛苦並且影響日常生活。
在感到不自在或尷尬的社交情境中丟臉，或是難為情。	避免社交場合，因為擔心被批判、怕丟臉或是被羞辱。
在重要的測驗、商務簡報、上台表演或其他重要活動前，感覺緊張或流汗。	毫無來由的恐慌症發作，一直害怕再次發作。
對危險的物品、地方或情況感到真實的恐懼。	非理性地恐懼或避開某樣東西、某個地方或情境，但其實沒有危險性的威脅，或是威脅很小。
在經歷創傷性事件後不久，會感到焦慮、傷心或難以入睡。	反覆出現與幾個月或幾年前所發生的創傷性事件有關的惡夢、瞬間恐怖經驗再現、情緒麻痺。

資料來源：Little House Studio

焦慮是能被控制的

雖然焦慮在許多不同的情況下，會有許多不同的表現方式，但有一些共同點必須加以說明。我們就來打開引擎蓋，看一看當焦慮失控時，腦－身體系統發生的狀況。當焦慮阻礙我們，我們會感覺不自在，感覺不安、受到過度刺激，甚至是過度警覺。我們的腦－身體裡有太多皮質醇，而且似乎無法控制皮質醇造成的結果。

此外，原本能控制情況的兩種神經傳導物質，即多巴胺和血清素，在這個時刻不是濃度太低就是沒有恰當地互動。結果就是，我們無法專注，因循怠惰或無法完成工作。我們會開始覺得悲觀，也許還有點絕望。這種情緒失衡的狀態會打斷我們的睡眠週期、飲食習慣和身心健康。我們可能因為想放下這些具有破壞性的想法，而飲酒過量、嗑藥或是暴飲暴食，雖然在當下會感到快樂，但最後反而會覺得疲倦或生病。焦慮的時間愈長，就愈不想和朋友在一起。我們會開始自我隔離，結果感覺寂寞。我們會深陷在憂慮中而忘了尋求協助。

好吧，這個焦慮的描述聽起來很可怕，但對大部分的人來說很熟悉，因為學習控制日常焦慮是個相對新的概念。

然而當你能控制焦慮時，你就會感覺全然不同。壓力反應觸發的焦慮警醒，會讓你注意到令你煩心的事——例如家裡或工作的地方忽然有所改變。你會注意到哪些事會受到影響，這樣的改變對你來說代表什麼？對你愛的人代表什麼？你能控制情況嗎？把想法集中在你可以控制的事情，就是利用血清素、多巴胺和皮質醇來幫助你專注於下一步。這個動作能讓你的情緒穩定、專注於目標。

你會請信任的人給予意見回應。你會監督自己的進度，接受自己所犯的任何錯誤，或可能造成的改變，並從這些資訊中學習。你會接受新的想法，照顧自己、吃營養的食物和定期運動，這樣就能睡得好，以便腦－身體系統可在夜晚時充電。你決定不喝酒，因為你知道酒精的作用就像鎮定劑。很快地，你會看到前方的路，開始感覺更放鬆、自在。

最初的焦慮在剛開始時，和這兩個情境很類似，但是威脅－防禦系統的警覺卻有兩個很不同的發展路徑。

在本書接下來的內容中，你會學到更多如何轉移壓力反應的做法，才不會造成一連串負面效果。你將學習如何緩和身體並放輕鬆，並讓內心平靜下來；你將學習重新思考並評估情勢，這樣才能做出對自己有幫助的決定。你將學習監督自己對壓力的反應，並容忍不舒服的感覺。

Chapter

2

善用大腦的可塑性

　　二十多年來，我的神經科學研究中心，專注於研究當我們在應對所處環境的刺激（也就是壓力源）時，大腦會如何改變。我們已經知道，腦部會成長、萎縮和適應環境；大腦已演化成會設法變得更有效率。的確，大腦的每個細胞都在學習，如何在暗夜中迂迴的道路上前進、辨識某一種類型的獵鷹、熟記新的樂曲，或甚至雕刻出沒有人看過的新形狀。這些都是大腦可塑性的例證。

　　我們現在已經非常了解，成人的大腦無時無刻在改變、學習，和適應環境所使用的生理／解剖學、細胞學和分子學機制。但其實在不久前，精確來說是一九六〇年代，當時普遍的看法認為成人的大腦無法改變，因為神經系統所有的成長和發展都是在童年時期，到了青少年時期只有一定程

度的成長和發展，一旦進入成年期，腦部就不會再改變了。

不過，在一九六〇年代初期，加州大學柏克萊分校（UC Berkeley）的神經科學先驅瑪麗安‧戴蒙教授（Professor Marian Diamond）和同僚有不同的看法。他們相信成年哺乳類動物的大腦也可以有深刻的變化，只是需要找到辦法來證明。他們想出一個簡易的實驗來測試這個想法。他們決定將一群成年的老鼠放在被我稱為鼠籠界的「迪士尼世界」中，裡面有很多的玩具且會定期更換，空間很寬敞，還有很多其他老鼠為伴。他們將這個稱之為「豐富的」環境。他們將住在豐富環境中的老鼠，和幾隻住在空間較狹小、沒有玩具，而且只有一、兩隻夥伴的老鼠進行比較，而這個環境稱為「貧瘠的」環境。他們讓成年老鼠生活在這兩個環境中幾個月，待這段時間結束後，他們再檢查老鼠的腦部結構，以查看是否有任何不同。

如果當時其他科學家的看法是對的，他們應該不會看到腦部有任何差異，因為成年哺乳類動物的大腦是不會改變的。但是，如果他們對於「成年動物的腦部有能力改變」的看法是正確的，那就可能會看到腦部的結構有所不同。他們的發現改變了我們對腦部的理解：住在「迪士尼世界」籠子裡的老鼠，其大腦經測量後，發現許多部位的尺寸比較大，

而且也更發達，包括視覺皮質（visual cortex）、運動皮質（motor cortex）以及其他感官皮質。這是首次有人證明「成年動物的腦部有能力改變」，我們稱之為「成年腦部的可塑性」。此外，戴蒙也證明了，環境中的「物體」和「品質」決定了改變的類型。

重要的是，這個可塑性是雙向的。「迪士尼世界」實驗所顯示的改變（證明腦部與生俱來的可塑性）是正向的，表現的方式就是「迪尼士世界」裡生活的老鼠，其腦部尺寸變大（後來的研究顯示還包括：神經傳導物質變更多、生長因子的程度更高，以及血管密度更高）。但是，其他環境或經驗，可能導致成年動物的腦部出現負向的改變。舉例來說，當你的腦－身體系統缺少刺激的環境，或曝露在暴力的環境中，你就會清楚看到大腦部分區域的萎縮（尤其是海馬迴和前額葉皮質，這一點我們將在第二部中詳細說明），以及神經傳導物質（多巴胺和血清素）減少，這些都是幫助我們控制情緒與注意力的物質。**如果兒童在成長環境中被忽略，那麼他們腦部的突觸數量就會減少（突觸是腦細胞傳遞訊號的連結），使他們的思考（也就是認知）變得更沒效率和彈性，這些都是和智力有關的能力。**

從戴蒙和同僚經典的研究開始一直到現在，成千上萬

的實驗都證明了大腦有很驚人的能力，可以學習、成長和改變。了解我們的腦部有可塑性、有彈性、與生俱來就有適應性，使我們相信可以透過「學習」來控制焦慮，甚至是接納焦慮。的確，我們有能力學習並改變行為，包括我們與焦慮的關係以及焦慮時的行為，善用大腦可塑性，就有可能達到如同上述般正向的改變。

　　大腦的可塑性讓我們有能力學習，如何使自己冷靜下來、重新評估情勢、重新看待想法和感受，以及做出不同、更正向的決定。想一想以下情境：

① **憤怒——會妨礙我們的專注力以及表現的能力**

　　　　或是給予動力、強化注意力，並提醒我們重要的事（也就是該優先處理的事）。

② **恐懼——會影響我們的情緒，並觸發過去失敗的記憶**

　　　　使我們無法專注和聚焦，對個人的表現不利（導致我們在壓力下失常），或是讓人做決定前更為謹慎，並深化思考，創造機會以改變方向。

③ **悲傷——會抑制心情，使我們沒動力、不想要社交生活**

或是可以讓我們知道，對自己來說重要的事，幫助重新安排重要的事，給予動力去改變環境、情勢或行為。

④ **擔憂──會令我們因循怠惰，妨礙實現目標**

或是可以幫助我們調整計畫、調整對自己的預期，變得更務實且以目標為導向。

⑤ **挫折──可能阻礙進步、妨礙表現，或是令人失去動機**

抑或能刺激、挑戰我們做得更多、更好。

這些比較可能看來有點簡單，但卻讓我們看到一些很棒的選擇，而且可以產生實質的成果。換句話說，我們是有選擇的。

通常人們感受到的焦慮有一種特色，那就是會產生負面情緒。還記得前文說過的嗎？「坐立不安」、「悲觀」、「懷有戒心」、「害怕」──這些都是情緒的狀態，一般而言都會帶來不好的感覺。但是，我們並非無法決定自己對這些情緒的反應。此外，這些情緒不完全都是壞的；事實上，這些情緒能帶給我們重要資訊，即關於心理和生理狀態的感受。焦慮的來源是很好的線索，幫助我們認清人生中重要的

事。把負面情緒轉為正面情緒，這需要花費心力嗎？是的。但是，這也會讓我們知道對自己來說重要的事。也許擔心金錢是在提醒我們，自己非常重視財務穩定性；或者，擔憂隱私則會讓人知道，原來自己需要充分的獨處時間。

因此，負面情緒其實是在給我們一個機會，阻斷「想法產生情緒，情緒導致行為模式」這個自我毀滅的循環，不要讓這個循環損害我們的壓力反應。而控制焦慮的第一步，就是了解情緒如何運作。

負向認知偏誤的力量

「焦慮」一詞可以用來形容所有不好的感覺。我先前已經解釋過，焦慮的核心就是腦－身體系統完整的活化——包括細胞彼此之間的傳遞訊號、能量提升，表示你的腦－身體已準備好採取行動了。它已經有警覺、準備好行動、迫不及待要行動。當你身陷壞焦慮之中，這個活化作用會觸發一連串的感覺，包括緊張、恐懼、不安、痛苦，這些負面情緒會拖垮心情、令人分心，並將自己隔離在人群之外。

這些負面情緒的另一面就是美好、令人振奮的正面情緒，包括喜悅、愛、幽默、興奮、好奇心、驚奇感、感恩、

平靜、靈感……還有很多。這些正面的感受會令我們與自己還有他人連結，能抵禦疾病，並且強化免疫系統，以維持健康，讓我們想繼續追求這樣的獎勵。這些正向情緒的特色多多少少是自動產生的。舉例來說，我們不會告訴自己去感受喜悅，然後就感覺到喜悅。所以，雖然人需要負面的情緒來保護自己不受危險和威脅的傷害，卻也需要一些親切或正面的情緒。喜悅、愛、興奮和好奇心，會促使我們尋求情感的連結以及人際關係；好奇心會激勵我們去學習、成長、了解周遭的世界；而慾望則令我們想要性交。

人的主要情緒也和焦慮一樣，是大腦傳送給身體的訊號，可能是在警告我們壞事（負面）或好事的發生。這些基本的或核心的情緒，是我們的下半腦（包括邊緣系統）與生俱來的能力，目的是要保護自己不受威脅，並激勵追求所需要的，包括遮風避雨的地方、食物、同伴。但是，現代人的情緒已經演變得更加複雜，所以在處理焦慮時可能會很棘手。

焦慮似乎會完全占據我們的心思，之所以會這樣的原因有很多，其中之一是我們天生傾向注意負面而非正面的消息。**我們的大腦會更注意負面的感受，而且這些感受的記憶會更鮮明而強烈。**結果就是，負面感受更深刻地留在腦海

中。為什麼我們會傾向記住負面的情緒，更甚於正面的情緒呢？為什麼我們偶爾才會有正面的感受，而不是經常會有？簡單來說，我們可以透過觀察腦部天生的防禦機制來回答這些問題，因為這個機制讓腦部更傾向尋找麻煩、偵測危險、避開痛苦。這些生存直覺，深深地潛藏在我們的神經系統結構中。

但是，當大部分的科學家、醫師、心理學家和記者在描寫情緒時，都直覺地將情緒分類為正面和負面的情緒——彷彿應該盡可能避免負面情緒，好像這對我們一定是不好的。這種想法會造成潛意識上對任何一種負面情緒產生偏見，諸如憤怒、恐懼、擔憂、哀傷、沮喪等。而科學界則是傾向設法解釋或防止疾病，而沒有花那麼多時間去研究如何激發正面情緒。

負向認知偏誤（negativity bias）是一個很好的例子，這是一種被廣泛研究的現象，它會阻礙我們的正面情緒發展。負向認知偏誤是指，我們的大腦會自然地傾向負面的感受甚於正面的感受。愈來愈多研究顯示，比起同樣強大的正面資訊，負面資訊不只能更快吸引注意力，且也影響人們對事物的評價，甚至比相同正面資訊的影響還要更大。我們都看過這種事，可能也認識這種人，他們會執著於出差錯的

事，而不管順利的事其實有很多。也許你發現自己有這樣的行為──那就是負向認知偏誤在誤導你。

仔細想想，就生物學而言，如果你的負面情緒多過正面情緒，這並不是你的錯。但如果我們能學著排除這些感覺帶來的痛苦，就能給自己更多的彈性來處理這些情緒。何不採取一種新的觀點？何不把原本的傾向，從負面情緒轉為聚焦於想要實現的目標？何不把負面的情緒當成挑戰，而不是在拖累我們？何不將這些感覺當成值得感到好奇的資訊，而不是要避免的危險？

從神經生物學的角度來看，這些不同的情緒，包括通常被認為和焦慮有關的情緒，都是有原因的，目的是讓我們注意重要的事。（在本書的第二部，你將會深入認識重要的研究，顯示該如何運用情緒的能量，避免焦慮轉為負面情緒；這是有關正向心態、生產力、最佳表現、創造力等的神經生物學。）

情緒神經科學（affective neuroscience，研究情緒感受的神經科學領域）最重要的進展之一，就是發現人類有超過五或六種基本情緒。羅伯特・普勒奇克（Robert Plutchik）在一九八〇年時創造下頁的情緒輪（wheel of emotions），以顯示某些情緒有不同程度的強度或偏好。

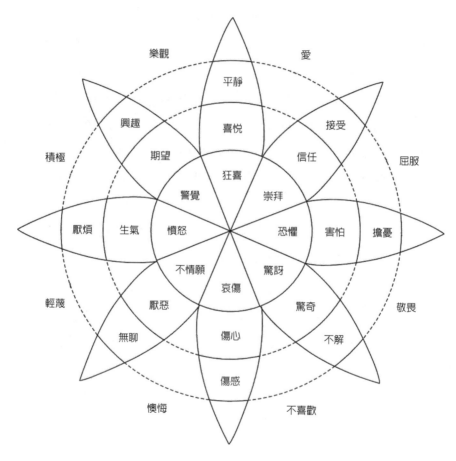

圖 2 普勒奇克的情緒輪

從這個角度來看情緒，就說明了為什麼我們要改變看待焦慮的方式。的確，我認為焦慮是負面和正面情緒的結合，因此代表了一個完整的情緒輪！當你繼續閱讀本書，我希望你能逐漸熟悉焦慮的負面和正面情緒，了解它們如何出現在你的生命中——**焦慮不一定非得是負面的！情緒會一直變化！**

我們可以調節情緒、控制焦慮

造成焦慮的壓力並不會消失，但我們有辦法可以讓自己對壓力「做出最好的反應」。包括史丹佛心理學教授艾莉亞·克朗姆（Alia Crum）在內的幾位研究人員，證明了我們可以利用心態和重新評估（這兩種都是前額葉皮質的功能）的技巧，將壓力視為「表現和成長」的挑戰和機會。

克朗姆和其他研究人員從神經生物學的角度所做的建議，是屬於一個範圍較廣的大腦研究，稱為情緒調節（emotion regulation）——這是幫助我們管理所有情緒反應（尤其是焦慮）的程序（包括由下而上和由上而下）。

「調節」是什麼意思呢？另一位史丹佛大學心理學教授，也是情緒調節專家詹姆士·葛洛斯（James J. Gross），

其將情緒調節定義為「影響自己的情緒、何時有情緒以及如何感受和表達的過程」。過去的科學家以為，情緒調節是單純的由上而下，並控制著由下而上的情緒，現在我們的了解是，由下而上的腦部區域（也就是邊緣系統）和由上而下（前額葉皮質，以及互動的神經路徑）之間，其實有更多的雙向互動。為什麼呢？葛洛斯解釋，這是因為情緒調節是一個複雜的「互連神經子系統，這些子系統會以不同的程度彼此監督，而且會持續以興奮型或抑制型進行雙向互動」。他也指出，調節是一連串的程序，就像量表一樣，介於有意識、需要費力而且受到控制的調節，和無意識、不費力且自動化的調節之間。

那麼，實務上來說是什麼意思呢？重點是：雖然焦慮可能源自於某種要吸引你注意，以避免危險的訊息，但焦慮未必是要造成你的不適、分心，或干擾身心健康與平衡。**我們可以學著利用認知來重新看待情況、排除危險的感受，並且將焦慮重新評估為克服挑戰及學習新事物的機會（也就是對待焦慮的反應）**。我們有很多選項可以用來管理對訊號和焦慮（感覺）的注意力，如果有必要，也可以管理我們的反應。大腦真的是非常奇妙的東西！

我們的腦－身體系統一直傾向維持衡定性（homeostasis），也就是在激發情緒和放鬆之間取得平衡。每個系統，包括從神經系統到消化系統、呼吸系統、心臟系統、免疫系統和其他系統，全都在互動與交換訊號，以便對壓力源做出回應，然後恢復衡定性。我們的情緒系統也是這樣。負面情緒升高以吸引我們注意，判斷可能是危險或有風險的事，然後做出改變或調整，讓我們感覺好一點。換句話說，負面情緒也有正面的目的，而且未必只有一個功能。**焦慮也一樣，這種負面情緒或不適的感覺，是腦－身體系統在告訴我們「要注意了」。**我們與生俱來管理負面情緒的系統會負責處理、回應，以幫助維持或恢復腦及身體的衡定性，稱為「情緒調節」。

焦慮是眾多情緒的組合，會干擾我們的情緒調節能力。而且這是應該的，因為這會讓我們注意出差錯的事。焦慮一旦激發情緒，我們就應該將調節工具應用在這些情緒上，以處理這些情緒；一旦處理完，焦慮應該就會消退並恢復衡定性。然而，我們調節情緒的能力並非總是那麼好。的確，每個人調節情緒的能力不一，會受到一些因素的影響，包括家庭教養、生活方式，甚至是基因組成。好消息是，我們可以學著更有效地調節情緒。

根據葛洛斯的情緒調節模型，我們有五種類型的焦慮

管理策略，有助於管理焦慮和其他負面情緒。葛洛斯所指出的五種策略包括：① 情境選擇（situation selection）、② 情境修正（situation modification）、③ 注意力分配（attention deployment）、④ 認知改變（cognitive change）和 ⑤ 反應調控（response modulation）。前四種策略可以打斷焦慮，以避免發展成極端的焦慮或慢性焦慮狀態。第五種則是在焦慮（或其他負面情緒）發生時的調節技巧。

　　這個了解情緒調節的模式（葛洛斯在文獻中稱為模態模型）被廣為採用，並且以此為根據被繼續研究。另一位這個領域的神經科學家尼爾斯・科恩（Nils Kohn），也在這個模型上再做說明，他指出，我們必須記住，情緒的調節是自動的（因此是隱含的，而且是潛意識的）及有意識的（因此是明確的，而且透過意識運作）。此外，情緒調節的本質可以是功能性和適應型（因此對我們有幫助），或是適應不良型和功能不佳。

　　我們就一起來看看，情緒調節在真實生活中如何運作。假設你六個月前被老闆解雇了，而你正在準備一個重要的面試。你感覺壓力很大、對自己充滿懷疑，還有恐懼——你害怕被拒絕、害怕失敗、害怕不如人。距離面試還有四天，但你已經感覺很緊張。光是想像走進公司的大樓就令你

的手心出汗、心跳加速，你的呼吸變得有點急促。接下來，你開始想像所有可能出錯的事情：你可能忘了帶履歷表，你可能穿了兩隻不一樣的襪子，或是你可能忘了所有當初應徵這份工作的原因。

其中一個選擇是，避開會令你困擾或是使焦慮惡化的情境。避開這個情境（不去面試）可能會在短期內減輕恐懼和壓力；但是如果長期下來，你就是想要或需要這份工作，不去面試顯然幫不了你。葛洛斯稱這個策略為「情境選擇」（situation selection）。

另一個選擇是，修正當下的情境，讓期望或焦慮比較沒有那麼難受。舉例來說，如果你正在為了即將來臨的面試感到焦慮，你可以修正情境，請求對方以電話或視訊進行面試。這樣改變情境可以讓你控制焦慮，讓你更能控制原本無法掌握的感覺。葛洛斯稱這個為「情境修正」（situation modification），**我則稱之為「從壞焦慮轉換為好焦慮」。你的緊張感並沒有消失；只是受到控制、被你引導至其他的方向。**

第三個選擇是「注意力分配」（attention deployment），有幾個辦法可以讓你將注意力從引起焦慮的情境，轉移到其他會吸引你注意的事情上。父母經常對幼兒使用這

種技巧。舉例來說，如果年幼的孩子害怕狗，家長可能會扮鬼臉吸引孩子的注意力，直到可怕的狗走開。這就是刻意分散注意力。

第四種，也許是最複雜的情緒調節策略，稱為「認知改變」（cognitive change）。這是指你主動、有意識地重新評估，或重新看待你的心態或態度：你不把面試視為星期五早上可怕的事，而是把這件事重新看待成一個機會，讓未來的雇主看到你有多了解這份工作、公司或組織；這麼做也能讓你建立信心。你帶著好奇心和興奮的心情出現在公司，準備聽聽對方要說的話。「重新看待」是一種心理暗示，把焦慮從可怕和快要被淹沒的感覺中拉出，並當成令人興奮和充滿挑戰的事。

第五種，稱為「反應調控」（response modulation）。當你踏進大門、坐下面試時，雖然到目前為止你用了一些策略來緩和焦慮，但焦慮可能會轉向並再次襲來。若是這樣，你要主動嘗試抑制或緩和焦慮。也許你可以做一些呼吸練習（也就是深呼吸，這是讓整個神經系統平靜下來，最快也最有效的辦法），或者你可以喝一點水。如果不是工作面試，而是約會令你感到緊張，可以喝一點啤酒或葡萄酒，幫助舒緩。這些是當焦慮發生時，你可以運用的應對策略。

不要馬上否定焦慮

目前關於焦慮與情緒調節的研究，指出干預的策略，例如重新評估，可以幫助你的情緒調節，對焦慮會有正面的影響；這些都是在焦慮疾患的情境下所做的研究。特別是神經造影的研究已顯示，情緒調節策略可以減輕焦慮或恐懼的情緒。此外，神經造影研究也顯示焦慮和恐懼的負面情緒，是在腦部的情緒調節區的不同神經區域。這個研究領域尚在初步階段，許多研究正在擴展這個領域。但這是好消息：我們可以改變對情緒的反應。我們可以學習情緒調節。我們可以變得更善於管理焦慮，以及引導焦慮轉向。

我喜歡把這種對應焦慮的方式，當成強化我們對壓力的復原力。我們將在第四章中深入了解焦慮的腦－身體路徑，其如何提供復原力給我們——包括身體和情緒的復原力。但是現在先來想想：我們必須感受這些感覺，並且改變我們對這些感覺的回應方式。首先要從認知開始。當你發現焦慮的跡象而感到不舒服時，你必須先停下來，想一想要如何處理這些感覺。**我們都需要持續練習，只要坐下來感受自己的感覺、坐下來感受不適的感覺就好，不要馬上試著掩飾、否認、逃避或是分散自己的注意力。坐下來感受不安的**

感覺，你就是在做兩件事：第一是在習慣這種感覺，並了解到你絕對可以「安然度過」；第二是給大腦更多時間和空間，對行為和反應做出更有意識的決定。這正是建立新的、更正面的神經路徑方式。

應對真實生活中的焦慮

在面對壓力源和因壓力觸發的焦慮時,我們會發展出應對的策略,以便管理壓力,並回到正軌,即讓人感覺自在、腳踏實地的身心平衡感。也就是說,我們很自然地會試著調節情緒,並且在脫離正軌時,會試著回到正軌。這些透過直覺做出的行為或思考程序,會變成制約的反應,深植在記憶中;換句話說,這些行為通常是自動執行的,我們不會意識到這些行為。

但很多策略是在我們年紀較小時,比較沒有那麼注意時所發展出來的。舉例來說,一個怕黑的七歲小女孩,她可能會搖晃身體或是躲在床罩下。到了十七歲,當她害怕時,她可能還是希望能搖晃身體,但現在她覺得這麼做很丟臉,所以她改為喝啤酒或抽大麻來麻痺不自在的感覺。她不是改

變自己應對恐懼黑暗的方式，而是改創造出一種適應不良型的應對策略，這麼做可能會導致更多負面後果。

有些人會利用安眠藥來入睡，有些人使用令他們安心的東西來安撫自己──對大多數成年人來說，手機已經取代了絨毛玩偶。以我來說，當我面對截稿的壓力時，我通常會吃更多東西。雖然這些行為如果適量都不會造成傷害，但你可以想像，如果有人反覆依賴這些行為，就會造成問題──我大約十年前就是這樣，結果胖了十一公斤。

應對機制是我們發展出來安撫自己，或是避免不適感覺的行為或動作。當這些應對機制不再能管理壓力時，通常會使情況變得更糟，使焦慮惡化，並且讓我們無法相信能控制自己的生活。一般而言，應對機制若非「適應型」（也就是有助於我們管理壓力）就是「適應不良型」（這是壞事，因為會造成其他的傷害，例如逃避問題，結果只是讓問題愈來愈嚴重；或是為我們帶來別的問題，例如依賴酒精或酗酒）。

八歲時感覺受到威脅，而在學校操場和人打架的男孩，成年後當他感覺需要保護自己時，可能還是會憤怒地發洩出來；也許就只是在搭地鐵時，上下車被推擠而感到憤憤不平。發現切菜能減輕孤獨感的年輕女性，到了三十歲時，

仍找不到正向的方法來舒緩恐懼和不安全感時，就選擇以暴飲暴食來安撫自己。這些行為在一段時間內會減輕負面情緒帶來的痛苦，即不斷累積的憤怒或強烈的孤獨感，或是對黑暗的恐懼。但是，**如果不去觸碰或處理這些行為背後的感覺，這些構成焦慮的原因就會累積且不會消失；「負面應對機制」只會使無法管理或調整這些感覺的情況更嚴重。**

以下是另一個例子。

無法處理壓力，最終失控的雷夫

雷夫每天要通勤三十分鐘上下班。他的工作很不順；公司有很多人事惡鬥令他感到疲倦，神經緊繃。當他星期五晚上五點十五分坐上車時，他非常急著想回家、喝瓶啤酒，坐在電視機前放鬆一下。他希望電視會轉播一場好球賽，分散他的注意力，讓他放輕鬆。

但是，當他開上高速公路時，路上卻大塞車。每個人似乎都很急，但卻沒有多少空間可移動。雷夫開始切換車道。他的脾氣開始變得暴躁，當一個開著小貨車的年輕人切換車道，並搶在他的前面時，雷夫就抓狂了。他怒不可遏、加速、對那輛貨車逼近，他要那位駕駛看到他的手勢、聽到

他用力按下的喇叭聲。他非常易怒,而且就是無法控制。

在我們看來,雷夫其實有一些選擇,包括不要狂按喇叭、逼近,讓對方知道他的怒氣,但是他多年來都沒有控制開車時的怒氣,結果,他的大腦沒時間和空間來找到別的反應方式,雷夫連想都不想就失控暴走。他的憤怒沒有經過處理;從刺激到反應的神經路徑太深植他的內心。但是,他還是有可能透過學習來「戒除」這樣的行為。

此時,雷夫的反應顯示他的情緒調節不佳,而且就算他能控制自己的反應,控制力也很低。他的負面情緒強度一再被強化,引發出如同上述因小事而暴怒的類似反應。然而,如果能反覆接觸正面的情緒管理工具,雷夫不但能學會以更有效率的方式管理自己對交通的反應,也能學會以更有建設性的方式來應對工作情況。他也可以事前為通勤做準備,例如在上車前,有意識地練習讓自己放鬆。但如果雷夫不退一步,給自己空間思考想要改變的事,他就會繼續強化壓力與焦慮的模式。

長期對壓力適應不良,會對腦部和身體出現多種不同程度的影響,包括神經內分泌系統、自主神經系統,以及心血管和免疫系統。

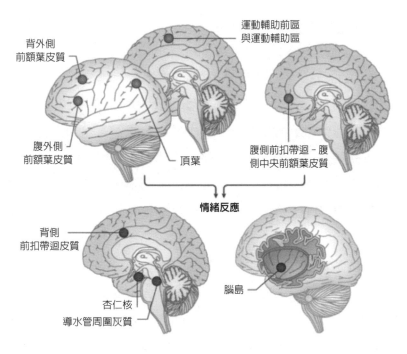

圖 3 與情緒調節有關的腦區

情緒激發（也就是恐慌症發作）是在杏仁核與基底核（basal ganglia）中處理，然後傳遞至腹外側前額葉皮質（ventrolateral prefrontal cortext，VLPFC）、前腦島（anterior insula）、運動輔助區（supplementary motor area，SMA）、角腦迴（angular gyrus）和顳上迴（superior temporal gyrus，STG）。情緒評估則是從腹外側前額葉皮質開始，它會發出需要調節情緒的訊號給背外側前額葉（dorsolateral prefrontal cortex，DLPFC）。背外側前額葉會進行情緒調節，並將這個訊號傳送給角腦迴、運動輔助區和顳上迴、杏仁核和基底核，以幫助調節不想要的情緒狀態。（圖片修改自 Etkin e tla., 2015 和 Kohn et al., 2016）

正面和負面的應對行為

我們會發展出應對的策略，以管理負面情緒。這些策略是行為和動作，能幫助我們減緩不適、恐懼、痛苦等感覺，或是導向至別的地方。因此，這些應對策略通常會反映出我們與焦慮的關係。如果你的應對方式對你來說很有幫助，那麼也許你將焦慮控制得很好。如果，你應對壓力的方式會傷害到自己的健康、工作、安全，和所愛的人之間的關係，也許你該考慮其他選擇了。

清楚自己應對壓力和焦慮感的方式，是很重要的。若你使用兩、三種以上的負面應對策略，可能顯示已被困在壞焦慮中；但是另一方面，運用正面的應對策略，則顯示出我們對壓力的耐受性，以及調整情緒的彈性。

請參考以下的項目，問問自己是否熟悉任何一項。不要批判自己，只要知道就好。

負面應對行為

- 飲酒或服用藥物，或酗酒、嗑藥
- 對他人使用暴力（言語、肢體、性暴力或情緒暴力）
- 故意發洩情緒或是做出不當行為

· 避免衝突

· 為自己的問題找藉口或指責他人

· 否認有問題

· 壓抑或忘了發生什麼事

· 表現得不像自己

· 脫離情境

· 出現控制狂的行為

· 變成工作狂（藉由忙碌以逃避感覺）

· 傷害自己、想要自殺或企圖自殺

· 離群索居，不參與活動也不與人往來

· 覺得自己需要控制或操弄別人

· 拒絕溝通

· 經常幻想

· 小題大作

· 過於樂心助人（幫助別人而不幫助自己）

　　接著，來看一看正向應對行為的清單；這些行為之所以被認為是適應性的，是因為對管理焦慮很有幫助。

正向應對行為

- 說出你的感覺，不論是正面還是負面感覺
- 控制憤怒——不要抑制憤怒，也不要讓憤怒控制你
- 練習自我反思
- 向親友請求支援
- 找人溝通，或是聊聊自己的感覺
- 運動（已證實運動能減輕焦慮）
- 維持性生活（已知性行為可以減輕焦慮，並抑制神經系統）
- 培養嗜好（例如串珠）或運動
- 出門走走
- 從別的角度來看待情況
- 保持彈性和開放，願意以新的方式思考
- 寫日記，或是透過其他有意識的自省形式
- 好好陪伴家人、伴侶、朋友
- 運用正面的自我談話和肯定
- 冥想或禱告
- 打掃或是整理工作空間、住家
- 當你生病時，尋求醫療專業人士的協助

· 和寵物或孩子玩

當面對焦慮的方式不再有用時，就需要改變

我們和焦慮的關係，很可能會隨著時間改變，處理焦慮的能力也會改變。應對策略必須視情況調整，也必須處理適應不良型的應對方式。有時候這個過程會費一點功夫。

萊莎——我的動力到哪裡去了？

萊莎是非常勤奮的職業婦女。哈佛商學院畢業的她，一頭鑽進金融服務業，展現她的聰明才智、社交天分，而且備受同事的喜愛和尊重。十幾年來，她一直快速升遷，忽然有一天，她發現自己四十一歲了，卻除了工作外什麼也沒有。她是工作狂，直到現在，她的投入和成功的動機，皆帶給她很多好處——不只是銀行存款增加，還有對自我價值的肯定。

但最近她回到家，位於波士頓後灣（Back Bay）地區一棟美輪美奐的公寓時，她總覺得身心俱疲。她會喝三到四杯葡萄酒來放鬆助眠，卻不知道酒精會使她的睡眠品質變得很差。鬧鐘在早上五點叫醒她，她就能沿著查爾斯河慢跑，

然後早上七點前到公司。這就是她的一天，而且多年來都對她很有幫助，但現在已經不適用了。現在的萊莎在早上起床時，就已經覺得筋疲力盡。她很寂寞、充滿自我懷疑，並且開始質疑是什麼讓她這麼累。

萊莎習慣了擔憂；以前這一直是敦促她比同事更努力工作、工作更久的動力。她得到很多正面的意見回應，說她很勤勉，她一直記在心上。換句話說，她以前能將高度活躍的焦慮迴路，導向到正面思考上。

但是過去幾年來，尤其是當她過了四十歲生日後，她發現工作不再能令她興奮，被老闆和同事敬重也不能滿足她。當她在工作時，只感覺疲累，但是下班後又近乎癱瘓。她在擔心什麼呢？她擔心自己小姑獨處？擔心自己年華老去？擔心她不再被視為公司耀眼的新星？

她開始感覺到，緊張的能量正在失控。她覺得唯一能淡化情緒不安的方法，就是在晚上喝酒。當她在公司裡覺得壓力大到頭快要爆炸時，光是看著杯中物，也能幫助她撐下去。她每天早上還是會跑步，但晨跑已不再有趣，這已經成為令她害怕的習慣了；她覺得好像在逃命，在逃離恐懼。她害怕變胖、害怕變慢，害怕如果不再跑步，可能會發生難以想像的事。

　　如果萊莎能停下來，仔細看看自己的模式，她就會注意到一些警訊：她的活力變弱、對工作感到倦怠、覺得愈來愈容易煩躁。這些腦－身體系統的變化，都是在顯示焦慮逐漸惡化。萊莎可能還沒有達到臨床上診斷為焦慮的程度，但她的壞焦慮開始愈來愈強烈、愈來愈頻繁，已經開始對她造成傷害，這顯示她的應對機制已不再能控制焦慮。

　　掃描萊莎的大腦可能會發現，杏仁核以及被稱為前扣帶迴的背區（dorsal anterior cingulate cortex），其前額葉部分區域高度活躍，在焦慮的狀態下，這些區域通常很活躍。萊莎的適應型行為曾經能維持平衡，現在似乎沒那麼有用了。更糟的是，同樣的行為，現在卻變成適應不良型，包括透過運動以維持警覺性、尋求老闆和同事的正面意見回應及讚美，還有「停工時」喝幾杯酒，這些行為在以前，足以減輕焦慮，讓她放輕鬆、再充電，激發讓她成功的抱負。我們很難說明事情是從何時開始改變的。我們知道，**長期的壓力會耗盡重要的神經傳導物質、中斷睡眠、使腎上腺變差，但偏偏這些要素都是調節情緒所需要的（也就是維持身體和情緒平衡，又稱為恆定性〔homeostasis〕）**。原本可控制且對我們有幫助的焦慮，後來卻變成問題，導致這樣的結果，絕不會只有單一成因。

但萊莎有幾個選擇：她可以繼續同樣的行為，強化適應不良型的應對方式，或者，她可以採取一些步驟，做些不一樣的事。但是在她做任何事情前，必須相信自己有能力可以改變。萊莎必須承認，她有能力決定、行動，並且相信不論當下的感覺如何，都能好好控制情況。

萊莎的大腦很有可能處於負面的適應型反應。她若一直沒有發覺自己的應對行為已不再有用，或是無法給她所需的精神放鬆，拖得愈久，壞的焦慮就會愈強烈，而且負面應對策略就會愈根深柢固。但是，一旦她能看到自己真正的情況，即早就該隨著情況改變應對策略，萊莎就能開始改變處境，導向更令人滿意的生活。

再來看看另一個例子，這也是個應對機制已不再有用的案例。

傑瑞德──救救我！我不知道人生該做什麼

我認識傑瑞德時，他才二十六歲，大學畢業五年。他一直和父母住在一起，不知道自己想做什麼。父母很擔心他：似乎沒有一個工作夠好、足以引起他的興趣。他去找過獵人頭公司，也和職涯導師合作過。他非常焦慮，不知道人生該做什麼，不論是中小企業或是大企業，任何企業都好，

但他就是無法在公司裡從基層做起。傑瑞德考慮去念研究所，但他對任何學科都沒有熱情，而且他也不想申請貸款來讀書。因為父母已經告訴過他，不會幫他出學費。

父母對他很頭痛，受夠了他花這麼多錢讀書，結果卻無法規劃未來。他們也受夠了自己，覺得是自己縱容傑瑞德無法做決定或是無法搬出去。他們在想，是不是應該把他趕出去，這樣他才會被迫找工作，什麼工作都好。

傑瑞德其實很害怕。每個星期、每個月過去，他就愈深陷於沒有動力、沒有信心、沒有活力的無力狀態中。他暴飲暴食（而且胖了九公斤）、不再出去找朋友（他們都忙於新工作或是有新戀情）。傑瑞德的焦慮變得很嚴重，他的人生完全停滯不前，無法做出能改變處境的決定。

我要說一件事：傑瑞德不只是有急性焦慮症，還有長期憂鬱症。

焦慮和憂鬱是重疊的症狀，經常同時發生，而且有許多相同的神經生物學特徵，例如血清素和多巴胺失調或失衡，以及壓力反應功能不健全。傑瑞德並非一直都有憂鬱症，但他一直很焦慮；他的焦慮已經持續了很久，結果觸發了憂鬱症。以神經化學來說，他患有醫師說的輕鬱症（dysthymia），或是持續性抑鬱症（persistent depressive disorder，PDD），這是一種長期或是慢性憂鬱症。但是，如果傑瑞德知道他能控制自己的焦慮，也就是持續且愈來愈強的緊張能量可以被導向問題本身，而不是遠離問題，那麼他就不會憂鬱了。如果傑瑞德早一點採取行動，以解決大學畢業後的焦慮感，如果他一直維持社交並且外出活動，他可能就不會過度焦慮，甚至造成憂鬱症。

焦慮和憂鬱之間的關係很複雜，而且沒有單一的方法能預測人的神經化學失衡時，會如何表現。雖然這看起來是兩種相反的症狀，但其實是共存的。

萊莎和傑瑞德的情況，不只顯示了行為與情緒間的關聯性，同時也顯示了日常的壞焦慮可能會深入生活，竊取我們的活力和專注力，還會奪走動力和身心健康。萊莎和傑瑞德雖然沒有臨床疾病，但他們的生活已經被壞焦慮打亂了。和所有人一樣，他們很自然地發展出一些策略來管理情緒和焦慮。

以傑瑞德來說，他不和其他人往來也避免接受挑戰，這緩解他對未來的恐懼；但這種應對策略的問題在於，長期遠離和逃避會使他的焦慮惡化，使他感覺更孤單和無助。看似短期內可能有用的應對行為，後來卻把他的焦慮推向更深層的壞區，並且觸發憂鬱。傑瑞德正處於人生很可怕的時

期;他的大學學業很成功且有趣,但已經結束,目前是他人生中首次面臨真實世界的抉擇。他覺得自己的能力不足。遺憾的是,他所使用的應對行為,反而使這些感覺變得更糟。

萊莎也進入人生的另一個階段。她已不再是鬥志高昂的「新人」了,所以她必須調整工作目標,以配合職涯更「進階」的時期。隨著焦慮增加,萊莎愈來愈依賴酒精,以應對不安的感覺。一開始很有用的應對行為(運動和喝酒),能減輕焦慮,幫助她在晚上休息、放鬆且重新開機,隔天又能準備好上工。但她愈來愈依賴酒精,已經開始造成第二個問題了,即睡眠中斷和宿醉,干擾她的思考和決策能力,並導致體能惡化、熱情減弱。萊莎的應對行為已不再能幫助她的焦慮了;特別是酒精使情況惡化。

我們的腦部會自動創造一些策略,以避免不愉快的感覺(例如焦慮),並且掩蓋嚴重性。我們的神經路徑生來就會逃避,這可以幫助我們管理壓力並繼續走下去。但是,隨著內部與外部環境改變,人也會成長,這些應對行為就已不再適用了。我們可能會也可能不會,發覺這些行為的效果已經改變了。然而,通常有一些習慣會阻礙而不是幫助我們,像是萊莎開始喝太多酒;而傑瑞德的憂鬱和焦慮,使他逃避有挑戰的事,且無法做決定。這些都是焦慮從好變成壞、從

可控到失控的跡象。

　　了解壞焦慮掌控身體時所發生的狀況，能幫助我們更了解「這是如何發生的」。簡單來說：當活動力不足、耗盡，所表現出來的方式也不同。當你的腦－身體系統因為焦慮而處於慢性緊張中，管理情緒的能力就會調降（down regulated，也就是對內部或外部刺激的反應較沒效率）。你會變得對任何一種壓力都非常敏感，而且會開始懷疑自己，缺乏自信。

　　當體力耗盡且沒有足夠的復原時間和休息，你就無法恢復動力，這是正面心態最需要的情緒。無法恢復會進一步消耗你調節情緒的能力。

　　如果你在此時離群索居，就無法從社交生活中獲得他人的鼓勵和支持，因此無法緩衝壞焦慮帶來的影響。

　　此外，如果你尋求毒品或酒精來紓壓，當「興奮感」過去，可能會在無意中惡化焦慮。的確，毒品和酒精是神經系統抑制劑。它們會干擾腦－身體中的多巴胺和血清素，帶給你一種焦慮獲得紓解的假象。

　　這些反應代表的是，腦－身體系統中的多個神經路徑，其功能已開始下降。雖然有這麼多的負面應對策略及缺點，還是有一線希望：你完全有可能改變目前應對負面情緒

與焦慮的方式,而且對腦－身體還有潛在的作用。想要恢復
情緒調節,你需要活力、好奇心,並且知道自己有選擇。我
們都能學會辨識體能耗盡,以及情緒失調的跡象,並開始做
出改變。這就是善用好焦慮後,會對我們有幫助的原因。想
要善用好焦慮,就需要大腦的可塑性。

當我們了解這些路徑如何觸發、強化或重新導向焦慮
時,我們就可以對抗壞焦慮,並且做出有意識的決定,以幫
助我們找到自己的路。當我們學會暗示自己的感覺、想法和
行為時,不只可以把壞焦慮轉為好焦慮,還可以轉換活力、
態度、心態和意圖。我們可以讓生活的所有面向──包括身
體、心靈和人際關係,都重新啟動、塑造或是提升動機,以
幫助達到目標且實現夢想,就能創造真正想要的生活。

正如焦慮一樣,我們所有的感受、行為、感覺、思
想、決定和心智建構(也就是感受和解讀),有一部分是根
據腦－身體系統的生理運作(身體如何回應任何刺激)、心
智運作(認知和思想程序)、情緒運作(我們的感覺和有意
識與無意識的核心情緒狀態),以及社交運作(人際關係和
社交情境如何影響生理)。

**重新調整及看待焦慮的方式,就可以把原本拖累你的
東西,變成對人生有用甚至是有利的東西。**當你成功實現這

樣的轉變，你很自然地就會開啟一道門，通往焦慮為人生帶來的各種好處。運作良好的焦慮，可以提供你六種超能力：① 強化體力與情緒的復原力、② 執行更高難度的任務或活動、③ 提供最佳的心態、④ 提升專注力與生產力、⑤ 提升社交智力，以及 ⑥ 改善創意技能。控制你的焦慮並且轉為好的焦慮，讓你開啟一扇門，發現焦慮能成為一種超能力。

在第二部中，你會發現六種焦慮的路徑可以用來開啟一扇門，讓你重新認識自己與焦慮的關係。這六種路徑，或稱為「神經網絡」（功能相關的腦區群），包括情緒或態度網絡、注意力網絡（包括我一直提到的由上而下調節網絡）、連結網絡（社會腦的路徑）、獎勵或動機網絡、創造力網絡，以及復原力網絡，這和我們與生俱來的生存動力有關。這些大腦網絡之間互相重疊且互動，會持續且動態地分享神經路徑，並傳送訊息給彼此。

第二部

學習用正確的方式擔心

——隱藏在焦慮中的超能力

強化你的復原力

　　想要管理焦慮，以及最終將焦慮轉向至不同、更好的方向，你需要的是「復原力」。我們在前文中談過的所有大腦網絡都能提供辦法，讓焦慮的想法和感覺平靜下來，或是利用焦慮的能量、焦慮的激發和焦慮的不適感，來讓自己平靜、做得更好及感覺更好。這就是復原力的重點。

　　復原力（resilience）是一種讓我們適應生活中艱困的時刻，並且恢復正常的能力。我們需要復原力來幫助度過每天的挑戰、失望，真正或感受到的侮辱，或是任何可能感覺痛苦的情境。這也是當我們面臨失去、悲傷或創傷時，所擁有的最重要工具之一。創傷性的事件會提醒我們要生存下來；這些事件會利用我們所有的精力，以及情緒和生理資源。

　　換句話說，我們隨時都需要復原力。正如我們生來就

有生存的能力，我們也生來就具備復原力。確實，大腦可塑性帶來的適應能力，讓我們具有復原力、彈性，幫助我們在經歷挫折後恢復正常。身為科學家，我認為復原力是很成功的適應能力，也是有效回應生活中壓力來源的能力。好消息是，雖然生活中各種大小的壓力源皆無法避免，但我們可以透過學習來強化復原力。**強化復原力的方式就是學習有彈性地思考，並且接受失敗的經驗並不代表一切**。承認自己的需要，並且知道何時該尋求協助。當我們追求愉悅的感覺以及享受的東西，包括食物、運動和性愛，都是在強化復原力。

當我們挑戰自己並且變得更有自信，就是在強化復原力。當我們學會透過放鬆的技巧來減緩身體的壓力反應時，就是在強化復原力。當我們吃對的食物、睡眠充足和運動，就是在強化身體的復原力，因此也支撐著心理復原力。重點是，因為我們的腦－身體生來就有適應的能力，所以可強化腦、生理和心理的復原力。在面臨挫折、失敗或悲傷時，我們可以主動選擇以最佳的因應策略來應對壓力。

有時候，我們需要重新審視適應不良型（maladaptive）的應對方式（也就是會使焦慮惡化，且造成其他問題的策略）。復原力並不是一個非黑即白的概念，不只是一個腦－身體互傳訊號的動態系統，而是一個可以保護我們的生存機

制，在最艱困的時候拯救我們，同時也能培養和強化日常認知、活力和應變的能力。

應該不令人意外，「**焦慮**」**會弱化我們的復原力**；長期過度警覺（hypervigilance）、憤怒、恐懼和持續的憂慮，會消耗體能、情緒和精神。這些會弱化我們的力氣、勇氣和免疫力，耗盡情緒與體力。然而正如我們所看過的，當留意並對來自內在的焦慮保護訊號採取行動時，我們就會有動力照顧自己、尋求安全，並與值得信任的人往來，且讓自己有勇氣遠離傷害我們的人。復原力可以是有意識、刻意的選擇。

復原力真正的力量在於，隨著我們一生中累積愈來愈多的成功與失敗，這些經驗的組合就能產生復原力。依賴適應型應對策略，以幫助我們度過焦慮時的艱難和壓力，並累積復原力。其實，各位親愛的讀者，復原力是日常焦慮給我們最強大的能力之一。焦慮幫助我們累積復原的能力，也會提醒我們需要恢復並且照顧自己。在神經科學界，我們稱之為壓力免疫。

壓力、焦慮都會影響復原力

壓力與復原力是一體兩面，就像陰與陽一樣。美國心

理學會（American Psychological Association）將復原力定義為「在面對逆境、創傷、悲劇、威脅或重大壓力時，適應良好的過程」。根據這個定義，如果生活中沒有挑戰、壓力或困境，我們就不會有復原力。用神經生理學的用語來說，復原力就是我們每天以及一輩子管理壓力的成果。一九九五年時，華特・布拉德福・卡農（Walter Bradford Cannon）率先指出，復原力就是「內心深處對不同刺激的適應性反應」。他在哈佛大學的實驗室中，觀察身體在應對各種壓力時的變化，這些壓力包括飢餓、寒冷、運動和強烈的情緒。因為這個早期的研究，卡農是世界上第一個發現我們在面對壓力時，會有「戰或逃」反應的人。幾年後，他創造「恆定性」（homeostasis）這個詞，以描述我們的身體想要維持一種「動態平衡」。

從一九九〇年代初期至今，這方面的研究已經有長足的進步，我們現在更了解壓力反應系統。若要用非常簡單的方法來解釋，我們可以把壓力反應視為有兩個主要的路徑，可通往兩個階段。

我們的壓力反應第一階段，和你在第一章（參考頁 28 的圖片）中讀到的很類似。就是關於「戰或逃」的交感（自主）神經系統。回想一下第一章，這是指當你的腦－身體系

統收到警報、進入警戒狀態，然後評估是否有真實或是潛在的威脅，同時也會觸發一連串自主的心理變化，包括能量的整合、代謝的變化、免疫系統的啟動，以及消化和繁殖系統的抑制。

第二個階段比較慢，持續的時間也比較長，而這個階段最令人熟悉的元素，就是透過下視丘－腦下垂體－腎上腺軸（HPA）釋放「壓力荷爾蒙」，即皮質醇（cortisol）。在釋放皮質醇的同時，還有許多其他強大的荷爾蒙也跟著釋放出來，同時還會有強大的神經傳導物質網絡，而神經傳導物質也會幫助我們調節對壓力的反應。舉個例子來說，你可能從沒聽過神經胜肽 Y（neuropeptide Y，NPY，神經傳導物質之一），但它卻是一種很有名的物質，能解除皮質醇所產生的焦慮感。甘丙胺素是另一種重要的神經傳導物質，已被證明能減輕焦慮。

在感到壓力和焦慮時，與獎勵有關的感覺相關區域會減少釋放多巴胺；而和壓力與焦慮關係複雜的血清素，當其從某些部位被釋放出來時，會強化焦慮反應，但在別的部位被釋放出來時，卻會減輕這些反應。

有些科學家專門研究身體調適負荷失衡（也就是負荷過重），以試圖了解壓力系統如何管理外部壓力源。不論使

用什麼用語，科學家都同意，身體和心理的壓力，都是由大腦中一個複雜的內部迴路互動所處理。有時候，負荷或是過多的負荷控制得好，能達到恆定性，但有時則是會失衡。

　　大部分的時候，我們對於如何強化或減弱復原力的理解，來自於對極端情境的研究，例如創傷後壓力症候群（PTSD）和創傷。舉例來說，童年早期的創傷通常會伴隨著高度敏感的交感神經，即腎上腺髓質軸（sympathetic-adreno-medullar〔SAM〕axis），這也和較大的杏仁核以及較小的海馬迴有關。杏仁核是大腦偵測威脅的部位；而大腦形成並留住新的長期記憶，最重要的區域就是海馬迴，會幫助我們評估威脅。**如果一個人的海馬迴較小，那麼他精確評估威脅的能力就會比較弱**。這些生理結構上的差異，不只是出現在曾經歷童年精神創傷的人身上，患有創傷後壓力症候群者亦有。對猴子所做的廣泛研究結果也支持這些發現，包括對野外的猴子所做的研究發現，階級最低的公猴最後才能選擇食物和交配對象，並出現長期壓力的現象，包括海馬迴較小。

　　雖然我們還沒有所有的解答，但已經有所進展，了解部分重要的生理、心理和環境因素，可能會令較敏感的人陷入長期憂慮、焦慮及創傷後壓力症候群，或是能讓某些人撐

過更大的痛苦、管理他們的感受,並且恢復身心健康。持續的研究也指出,似乎能根據基因組成(神經化學)來預測有些人具有較佳的復原力。

舉例來說,多巴胺是調節大腦獎勵系統的重要神經傳導物質,但若在產生多巴胺或調節上容易混亂的人,可能會變得比較容易陷入焦慮、憂鬱和得到成癮性的疾病。一個人的生活方式會影響大腦的運作,也會讓他更容易焦慮,並降低整體心理和生理的復原力。免疫系統耗弱或是不完整的人也一樣,他們的生理復原力較弱,可能也會因此對心理造成影響。例如,有纖維肌痛症等自體免疫疾病的人,較可能會有憂鬱症;整體而言,因為免疫系統比較弱,所以容易情緒低落。

同樣地,我們對復原力的想法和研究,大部分都是針對創傷或遭到虐待時的反應。但是當我們提出這個問題:「為什麼有些人在經歷挫敗後,似乎比別人更容易恢復?為什麼經歷過悲劇和創傷的人,尤其是在童年時就經歷過的人,長期的傷害會比較多,包括焦慮症、重鬱症(major depression disorder,MDD),及創傷後壓力症候群(post-traumatic stress disorder,PTSD)?」問對了問題,我們就能找出復原力的特色。這樣的研究不只能幫助我們學習,如

何以更好的方式回應悲劇性的事件、損失或其他類型的創傷，還可以學習如何在還不需要復原力的時候，就先種下復原力的種子。正如預防性醫學（preventative medicine）可以避免疾病和防止老化，在我們還不需要時就先強化復原力，不只是安全的預防措施，更是通往健康、平衡人生的道路。

　　科學家也試圖找出復原力的生物因子。舉例來說，研究顯示大量的神經胜肽 Y，會產生令人平靜的作用，並消除皮質醇所造成的焦慮。研究顯示，軍人在經歷創傷性事件後，若沒有發展出無法消除的創傷性壓力症候群，表示該軍人的神經胜肽 Y 較高。但是，想要健康的壓力反應，就需要在神經胜肽 Y 和皮質醇之間取得平衡。這兩種物質過多或過少，都會無法達到恆定性。同時，大腦衍生的神經滋養因子（abrineurin，又稱為 brain-derived neurotrophic factor，BDNF）是一種成長因子，由身體的有氧運動所刺激，對海馬迴的成長與功能來說非常重要，並影響長期記憶，這也和復原力有關係。

壓力影響健康，甚至損害大腦

我們都知道，早期經歷的逆境，包括虐待，會造成個人多種心理上和社交上的問題，並且持續一生。童年時期遭到虐待的人，比較可能患有創傷後壓力症候群、焦慮、憂鬱、藥物濫用，以及反社會行為。特別是神經內分泌研究已證實，早期的逆境可能改變下視丘－腦下垂體－腎上腺軸的功能，和環境壓力源有關，例如空氣汙染和三餐不繼。研究已證實，**腦部的結構性差異與童年時的虐待有關。**

哈佛大學教授傑克・雄科夫博士（Dr. Jack Shonkoff），其在哈佛陳曾熙公共衛生學院（Harvard T.H. Chan School of Public Health）的兒童早期發展中心，長期進行這個領域的研究。他定義了我們對壓力的三種可能回應方式，包括：正面、忍受和有害。下列的說明就指出，這三種用語是指壓力反應系統對身體的作用，而不是對壓力事件或經驗本身的作用。

・ 正面的壓力反應

是我們與生俱來的生物心理社會（biopsychosocial）技能，讓我們能面對日常的壓力源。的確，這個正面的

壓力反應類似於我們描述好焦慮的特徵——心跳短暫加速，以及荷爾蒙略微升高。

· 可容忍的壓力反應

特色是身體內在警報系統被啟動，這個警報系統是被真正可怕或危險的事、親近的人身故、重大的分手或離婚所觸發的。在這樣強烈的壓力下，腦－身體會透過有意識的自我照顧、尋求支援（請參閱以下有關其他的方式），以消除這樣的衝擊。關鍵在於，這個人的復原力因子已經夠穩定，足以讓自己復原。舉例來說，如果某人正面臨生活中的危機，但是因為他的復原因子並不強，那麼就比較無法復原、恢復正常。

· 有害的壓力反應

是指一個孩子或成年人，持續或長期處於逆境中，例如貧窮、刻意忽視、身體或情緒虐待、長期忽視、曝露在暴力中，卻沒有足夠的支援照顧。長期啟動這種壓力反應系統，不只會中斷兒童的腦部結構和其他臟器系統的發展，也會持續影響其到成年後，令人無法管理任何一種壓力。

　　當強化的壓力反應持續發生，或是存在多個壓力源，就會對一個人的身體和心理健康造成累積性的傷害，且持續一生。童年時經歷愈多逆境，就愈有可能會造成發展遲緩，及其他健康問題，包括心臟病、糖尿病、藥物濫用和憂鬱、不良的壓力與焦慮症、攻擊性行為、缺乏認知彈性，以及智商較低。其他研究員也發現，長期感受到壓力與海馬迴體積較小有關，使得這個部位更容易受到焦慮、與年齡相關的認知降低，以及健康問題所影響，例如糖尿病、重鬱症、庫辛氏症和創傷後壓力症候群。

　　我在前文曾經提過，腦部的海馬迴是我們將事實與事件形成記憶，並保留新記憶的重要部位，也最容易受到老化、失智症，以及阿茲海默症的影響。**若長期處於充滿壓力的環境，不只會影響你形成並保留新的長期記憶的能力，也會開始傷害海馬迴的細胞，使得這些細胞萎縮，影響與年齡有關的認知。**以這些情況來說，不論輕重，長期壓力都不是好事。

善用焦慮，讓自己對壓力免疫

　　你可能還記得在第三章中，我們管理任何一種壓力的第一道防線就是透過應對策略。這些策略提供方法，來衡量我們管理壓力的能力；究竟是適應型（有幫助）或是適應不良型（有害），讓人更了解自己的復原能力。有些神經生物學家以不同的方式來說明應對策略，例如主動應對和被動應對這兩種相對的反應。主動應對反應是「受試者刻意的作為，目標是將壓力源對身體、心理或社交造成的傷害降到最低」，並且隱含著設法取得對壓力源的「控制」。被動的應對是指逃避，或稱為「習得的無助感」，情況是這樣子的，當一個人逃避壓力情境時，也會無法強化自己對壓力的復原力。此時，這個人面對壓力時會更脆弱、更容易受到衝擊，因此復原力也較差。

　　對童年時承受壓力所做的研究顯示，早期曾曝露在無法控制的壓力情況下（也就是戰爭或童年受虐），會導致科學家所說的習得的無助感。此時孩子不論怎麼做，都無法改變有壓力的情況，而結果通常是長期的病態，包括創傷後壓力症候群以及憂鬱症。我們對齧齒類動物進行的廣泛研究，讓我們了解習得的無助感會造成長期的負面後果。有意思的

是，科學家發現，如果讓老鼠曝露於同等的壓力情境，然後
再給予牠們機會排除、逃避、逃跑或控制壓力源（使用主動
應對策略），老鼠不只不會出現如同創傷後壓力症候群的症
狀，反而會發展出面對壓力情境時，高於平均值的復原力。
科學家將這個反應稱之為「壓力免疫」，研究已經確認，不
只是齧齒類動物和猴子是如此，對人類也一樣有用。

　　壓力免疫的科學讓我們知道，人類生來就具備能力，
可擺脫造成壓力／焦慮的情境。我想說清楚一點，**所有引發
焦慮的情境，都會令你出現壓力反應，但是，執行壓力反應
的行為，能幫助你在未來面對壓力或焦慮反應時免疫**。彷彿
你在教導自己，你可以撐過這些情況，而且一開始感受到焦
慮，然後設法減輕壓力反應的表現愈好，未來管理壓力的能
力就會愈好。這麼一來，每一次引發焦慮時，都讓你有機會
重新訓練自己的壓力反應，只要你知道自己有哪些選擇和工
具，就可以將壞的焦慮反應轉為好的。

　　當我發現善用當下的焦慮，有助於讓我們對未來的焦
慮免疫時，我就想創造一種監控情緒的手環。如果有一種裝
置，它不會計算你走了幾步，而是根據你如何避免或減輕壓
力情境，並為你的壓力免疫打分數，那就太好了，不是嗎？
我覺得這個分數會是很棒的激勵工具，對所有正在對抗焦

慮，愈來愈有習得無助感而不是對壓力免疫的人來說，這會是很棒的鼓勵。雖然現在還沒有人開發出「壓力手環」，但是你可以試著記錄自己的焦慮減輕措施，並且當自己的焦慮教練，當你的分數及壓力／焦慮免疫力升高時，記得為自己擊掌鼓勵。

如何強化復原力？

許多研究都顯示，我們可以主動強化復原力，有時甚至能逆轉創傷對壓力系統的有害影響。科學家仍在研究長期壓力帶來的負面衝擊；他們也在研究當人們避免或反抗有害的作用時，會發生什麼事，也就是該怎麼做才能提升復原力，以保護我們的腦部和身心健康。

的確，在檢視復原力研究的神經科學時，吳剛（Gang Wu，音譯）和同僚發現復原力強的人有許多特徵。令人感到特別興奮的是，大部分的特徵都與焦慮的超能力一致，包括：

① **樂觀的展望（通常是指正面的影響）**

已被證明能降低負面情緒和焦慮，並加速從創傷性

的事件中復原。我不是說你可以無中生有創造出樂觀的
展望，但我們知道，這樣的能力是可以慢慢培養的。研
究顯示，樂觀的態度與幸福、身體健康以及穩健的社交
網絡等，這些都是息息相關的。這個樂觀、彈性的思考
方式，就是積極心態的基礎（請參閱第六章）。

② **認知彈性和再評估**

是情緒調節的兩個基礎，可以學習、練習，並用來
幫助心理復原力。我們將在後續的討論中看到，注意力
會被焦慮劫持（請參閱第七章），認知彈性能幫助恢復注
意力、重新聚焦，避免把失敗內化為代表自己的形象。
這種認知的靈活度，能幫助我們將焦慮轉向，並成為一
種心理復原力。

③ **社交支援**

也就是透過尋求關愛你的人，來協助緩衝壓力的
衝擊，這確實是焦慮的超能力。我們的人際關係、展現
同理心的能力，以及同情心，這些對緩衝焦慮來說很重
要，是一種復原力。

④ **幽默**

是一種主動減輕壓力帶來的焦慮和緊張的方式，而且已被證明，有助於人們強化生理和心理的復原力。

⑤ **運動**

不只能改善我們的健康以及腦－身體的功能，也是一種生理復原力的來源，有助於提升自身管理壓力的能力。

⑥ **利他行為**

科學家稱之為「利社會行為」（prosocial behavior），已被證實能促進創傷後的復原力。我將這種提升復原力的方式，視為同理心的延伸，有助於我們和其他人建立更強的連結，並消除焦慮，具備更強的情緒復原力。

⑦ **刻意練習正念（mindfulness）**

包括冥想和瑜伽以及其他正念活動，已被證實可減少消極或逃避的應對方式，例如在面對壓力時，依賴酒精來減輕壓力。如此一來，正念練習可以預防焦慮和憂鬱，並且強化心理的復原力。

壓力不只是人生中必然會發生的事，我們也有能力可以面對；事實上，壓力逼著我們去適應、學習和進步，不只對個人而言，對所有人類來說也是。有句老話說得很正確：「人生中所有最重要的事，都來自於我們面對的挑戰及如何應對挑戰。」重點是，復原力不只來自於從生活中的成就獲得的信心以及相信自己，也許更重要的是來自於在經歷無可避免的失敗和挑戰後，生存、適應以及繼續往前走的能力。我們需要這兩種抗壓來源，以強化復原力。**我們必須經歷痛苦的事，才會知道自己能撐過去。**

不論我們的復原力有多好，總會有些事等著考驗著我們。我曾遭遇過一次這樣的事，考驗著我和我的復原力。

如何從傷痛、焦慮中，找出復原力？
我的經驗分享

那一刻清晰如白畫。那一天是五月的某個星期一清早，天氣涼爽、多雲，我在紐約的公寓裡才剛醒來，之前我在明尼蘇達州待了一星期，講了三場演說，然後週末去一個當地最大的陶器展上愉快地選購陶器。當時我正在家裡享用早茶並且冥想，這是我平衡自我的方式。我的計畫是：那天

我要認真寫出這本書第一章的第一版草稿。

那是春季學期的最後一天，我本來很忙。我當時正在總結神經實驗室成績優異學生的進階課程，準備為那一年的升等和終身教職會議擔任主席，及寫報告、監督研究等，還有最緊急的一件事，紐約大學的文理學院在幾天後，即將在無線電城的音樂廳，舉辦當年的大學部畢業典禮，系主任邀請我以教職員身分致辭，我要為致辭稿進行最後的修飾。逼自己完成許多期限內的工作，是我很熟悉也很擅長的事——堅持、努力勤奮地在截止日前完成，並利用截止日的壓力驅策自己繼續努力。我只要再修潤致辭稿幾次就完成了，然後這個學年就正式結束，我的行程就會忽然空出來，就像展開一本介紹紐約市的立體書一樣，能讓我專注投入第二本書的創意流程與神經科學研究的細節。

但忽然發生了意想不到的事。那天早上六點半，我的手機響了。是我弟弟在上海的同事打電話來告訴我，我的弟弟大衛，我唯一的手足，因為嚴重心臟病發而過世了。我弟弟還沒過五十一歲生日，就撒手人寰了。

大衛是生意人、投資者、企業家，過去幾年來他都住在上海並在當地創業，同時也會在加州間往返，花時間陪伴家人。我最近才和弟弟見過面，我們那時都飛到美國西岸陪

伴母親，因為父親在三個月前才剛過世。父親在世的最後幾年飽受失智症所苦，而他的過世（也是忽然心臟病發）雖然令我們難過，但並非完全意外的事。我已經想像過並且準備好失去爸爸的生活了。但是大衛呢？我無法理解他竟然就這麼走了。

我接到消息後，最初的幾個小時感覺很不真實。我覺得脫離了現實。我的世界忽然天崩地裂，雖然一切看似如常，我知道一切都已完全不同了。你以為會一輩子在一起的親人，怎麼會就這麼失去了他？過去幾年來，弟弟和我組成了超強的團隊，籌劃和團結合作，以照顧我們年邁的父母。他負責財務，我負責醫療，我們對合作無間感到很滿意，畢竟照顧最親愛的人是最重要的事。

某種程度上，我知道我受到驚嚇。即使是現在寫到這件事還是會令我的心跳加速、手心流汗、感覺模糊。唯一讓我有動力的事，就是想到我的母親、弟媳和姪女。當時，我母親是唯一不知情的人。我該怎麼告訴母親，她唯一的兒子已經過世了？

我當下就知道，我不能在電話中告訴她。我們都還在為父親離世的事哀悼，這件事仍深深打擊著我們。所以我買了一張到加州的機票，親自告訴母親這件事。那是我最痛苦

的一次搭機經驗。

　　後來，我很感恩能親自告訴她，這世界上我最需要的人就是母親，我也知道她最需要的人就是我。在我們談過後，我坐在我們家的晚餐桌前，問候住在西岸的弟媳。我問她需要我和母親去探望他們嗎？她說了謝謝，但是不需要。再問他們需要什麼嗎？他說他們的生活還不錯。我們一直保持聯絡、給彼此安慰，並向彼此保證我們不會有事。

　　事發後的一星期，我幫助母親處理弔唁事宜，許多親友打哀悼電話或親自前來致哀，還帶了好多食物來，我們都不知道該怎麼處理。我們不知道電話或是親自來訪的情況會如何。有些人來電，結果卻在電話中哭了起來，他們雖然想安慰我們，卻控制不住自己的哀傷。有些人寄了感人的電子郵件訊息；有些人來懷念大衛小時候總是到處闖禍的事。還有些人來轉移我們的注意力。那一週我最喜歡的事，是一位表親來到家裡弔唁時，他一坐下來就馬上給我們看前兩次度假時拍的好多照片。你知道嗎？那是母親和我一整個星期以來，最愉快的時刻。他完全沒有提到我弟弟，他也不用提。我們都知道自己當時的感覺，轉換心情，把注意力放在照片上，看著德國啤酒花園裡巨大的馬克杯和東京餐館裡美味的食物，感覺真是輕鬆。

陪伴母親七天後，我回到紐約的家，生活戛然而止。我從原本高度焦慮的狀態變成嚴重憂鬱。我沒有告訴多少人這件事，也沒有在社交媒體上發布任何東西。如果這樣公開宣告，就表示這件事是真的發生了。正當我走出淋浴間、全身赤裸、沒有感覺，而且完全脆弱的時候，一陣深沉的哀傷像海嘯般朝我襲來。

當然，我知道我不是第一個面對意外死亡的人，但我很驚訝，這件事竟然就像天搖地動、毀滅性這麼大。我發現自己正經歷平靜和悲傷的循環，當我看到令我想起弟弟的東西時，悲傷的期間就會更久。

那年夏天真的很灰暗。

我忽然想到，我得做這輩子做過最痛苦的事，即撰寫和朗讀弟弟的悼詞。這件事對我來說更痛苦，因為僅僅三個月前父親過世的時候，弟弟和我在規劃告別式時，我記得很清楚，我無法在告別式上說話──我太難過了。那一天，弟弟接下這個責任，為父親說了很美的悼念詞。他說的話非常感人，他還說了一個我從沒聽過的故事，是關於父親永無止境的樂觀天性，充分體現了他在生活中是那麼地支持我們、和藹和充滿父愛。

而這一次不一樣。只有我一個人，沒有人能支援我。

告別式很盛大，弟弟的朋友太多了，甚至連小學同學都還保持聯絡，我們沒辦法，只好限制出席者為兩百位親友，但是還有更多人想出席我們稱之為大衛的「歡慶生命」告別式。我想說些能真正體現他人生的話，包括他的幽默、家庭生活、交遊廣闊，我們都對他身故的事非常震驚。我不知道自己能不能寫得出悼詞，因為我從來沒寫過。就算寫完了，我也不知道我會不會一直泣不成聲，無法在大家面前朗讀悼詞。這真的是令人恐懼又焦慮的情境。

那段時間對我幫助最大的事，就是每天固定的早茶冥想。事發後的那個月，我每天早上坐著冥想，沒有試著寫悼詞。其實我是刻意不去想那件事。但是當冥想令我的心靈一片澄澈時，我感覺到腦袋彷彿挪了一個空間出來，讓我知道我想要說什麼話。當然，我一直都知道我要說什麼。我必須清除籠罩著我的恐懼、焦慮和哀傷。我也有一個想法，幾乎是種預感，我需要的不只是走出痛苦，更需要從這件事中找到意義。我想，當時我是試著想把所有的情緒阻礙化為工具。然後我回想起一年前到上海探望弟弟的那一週，以及我多麼希望我早一點、也更常去看他。我想到雖然我們沒有常在一起，雖然我從來沒有說出口，但我知道我有多愛他。這些想法似乎在冥想後變得更具體，所以當我終於坐在餐桌

前，打開筆電準備寫悼詞時，寫作過程比我想像的還要順利
且流暢。

在我弟弟的五十一歲冥誕那天，我為他舉辦了一場充
滿愛和關懷，真心祝福的告別式。我覺得那天他就在我們的
身邊。因為工作的關係，我進行過數百甚至上千場演講。
而這一次是我做過最有意義的一次，令我永生難忘。要從失
去兩位至親的悲痛中「復原」，我還有很長的一段路要走，
但那場悼念演說是我朝向復原之路邁出的第一步，至今我都
還在慢慢復原。我也了解到，讓我寫出悼詞的重度悲傷和焦
慮，反映出的不只是我的愛，還有我們全家對弟弟的愛。那
種深沉的哀傷是部分原因，讓我能清楚表達弟弟的幽默、優
秀、獨特之處。

有時候我不敢相信，以我當時的狀態竟然能說完悼
詞。那可能是我到目前為止，復原力展現其如何奧妙的時
刻。那時我真的必須振作，放下個人情緒去做該做的事。

回顧人生的這段時期，我發現這真的是我展現超能力
的時刻。就是在此時，我的復原力超越並戰勝了深沉的悲
痛、焦慮和哀傷。那個復原力是怎麼來的？其中一部分是來
自我的晨間冥想練習。我之前一直在鍛鍊冥想的能力，在早
晨冥想時，幫助自己專注當下並且紓解悲痛。那段晨間休養

的幫助真的很大。另一個幫助我的事就是驚奇的感覺。痛失弟弟後的幾天，我對於自己還活在人世間，感到一股油然而生的敬畏。我開始強烈地感覺自己是多麼地幸運，能夠享受這個世界以及人們，還有那些令我感到快樂的事，而弟弟已經不能享受了。

那時候最痛苦的事，就是一股強烈的罪惡感，總想著我沒有在弟弟生前好好陪伴他，或是為他做些什麼。我不是個好姊姊；我沒有經常和他保持聯絡；我也沒有好好欣賞他所有卓越的特質，直到再也沒有機會（我常常想起最後這一點）。但也許我可以在他的悼詞裡表達這些想法和感受——說出來讓世人聽到，藉此確保我會從痛失手足中學到教訓。我也感受到新的動力，要積極地感謝我的人生，尤其是我生命中的人。

我知道不是只有我經歷失去、悲痛和心碎。我們每天都必須深入內心，經歷令人失去活力的情境。人類是擁有復原力的生物，但很多人並不知道。但我當時就知道了，現在也是，我不是只要撐下去唸完悼詞就好；我要花下半輩子的時間來面對。

弟弟過世後的那幾週、幾個月，我很意外自己竟然能繼續生活。我開始研究悲傷，並且發現悲傷不只會產生憂

鬱，還有焦慮，而且是我在本書一開頭就一直在討論的壞焦慮。我也開始了解到，我的復原力正在啟動。雖然我仍在為痛失至親而哀悼，但隨著夏季逐漸結束，我開始有辦法喚起微小的希望和樂觀。早上起床準備好處理當天該做的事，我忽然間想要（而且也需要）見見最親近的好友。我想回去做研究，還有許多之前被我拋下的專案。我想接續本書還沒寫完的部分。事實上，我對工作落後的焦慮、想趕快把書寫完的擔憂，甚至覺得身體感覺的遲緩令我煩躁，所有的不安都開始驅策著我。我很掙扎嗎？當然。這件事並不容易。但是我也知道，我的焦慮正引導著我從事那些為生命帶來意義的事。我硬撐著繼續前進，這就是人類的復原力中，複雜而神祕的一部分。

我尤其記得，這段期間的某一天晨運時，那天的訓練師菲妮絲描述，逼自己做一些辛苦、汗流浹背的運動，對身心帶來極大的好處。她和我分享一句話：「重大的痛苦會帶來深奧的智慧。」

這時我才恍然大悟。就像黑白電影忽然間爆發繽紛的色彩，我忽然了解到深奧的智慧可能來自劇烈的痛苦。我了解這些悲劇造成我的身體和情緒經歷的痛苦，就像我一生中經歷的許多焦慮一樣；就像很大的推力敦促著我「往前

走」、「繼續走」、「妳辦得到的」。其實我體現了有關焦慮的神經科學研究所描述的：「焦慮可以給你動力去改變和適應。」這也讓我知道，我能從重大的事件中復原。

這件事幫我上了一堂速成課，讓我認識復原力，及說出悼詞和完全投入在復原的過程，這就是證明。但是最顯著的結果就是，我對家人、朋友、支持我的人，還有所有生命中很棒的機會，有著更深刻的愛和感恩。真的是人生從黑白變彩色呢！我對生命中珍視的一切的認知、欣賞和感恩，經歷了奧妙的轉變，彷彿有一支巨大的螢光筆，讓我知道我的人生有多幸運、我擁有多少。

我的復原力不只來自於經歷喪父與失去弟弟，也來自於適應生活中的焦慮以及從中學習。這就是了解焦慮和復原力的本質後，所具有的力量。**我們不需要抗拒痛苦、哀傷和焦慮，但可以運用這些強大的負面感覺，並轉化這些感覺以變得更完整、更有智慧及獲得力量**，然後運用這個新發現的智慧，從事全新和有創意的事。是的，我不只是轉變了我和焦慮的關係；我也發現了內在蘊含的實力，一種為我生活各層面帶來動力的力量。我現在做得更多、感受更多、創造更多，也愛更多。我的表現更好、感受更好。

我現在的生活比之前更好。

那麼，復原力究竟是什麼？復原力就是在面對無法達成的目標時，還能堅忍不拔；復原力就是即使是失望也有繼續下去的勇氣；復原力就是你可以做得更好，也會做得更好，只要你投入心力認真練習；復原力就是相信自己很重要；復原力就是願意學習和重複學習；復原力就是堅持下去的毅力。

復原力是「好焦慮」很重要的基礎，但是正當我投入寫作時，卻經歷重大的喪親之痛，徹底改變了本書的方向，以及復原力在書中扮演的角色。在發生這些事前，我本來很興奮要分享一個概念，讀者可以把焦慮的「警告訊號」用在好的地方。在這些事後，把日常的焦慮從壞的變成好的，本來只是個很棒的主意，現在卻成了我的使命。我發現我用這個方法度過人生最艱難的時刻；這些不只是實用的想法，更是深奧的人生真諦，人人都能利用這一點來改善日常生活，例如擔心花太多時間回覆老闆的電子郵件，或是應對生活中遭遇的悲劇。

所以，如果你正經歷令你焦慮的事，我真心希望你能運用本書提供的工具，建立自己的復原力，以撐過任何大大小小的壓力和焦慮，幫助恢復正常，及從壓力和焦慮中學會教訓和智慧，並且朝向更堅強、更有智慧和更強大的方向邁進。就像我一樣。

Chapter

5

提升表現，以通往心流

　　你可能聽過一句話，想要成為某領域的專家，需要一萬個小時的練習，不論是演奏樂器、運動、下棋、烹飪或學習外語。坊間已經有許多著作介紹過 K・安德斯・艾瑞森（K. Anders Ericsson）針對這個主題所做的研究，而麥爾坎・葛拉威爾（Malcolm Gladwell）在他的暢銷書《異數》（Outliers）中，描述這個研究，使得該理論變得更為知名。然而，最近有一群研究員重新檢視這些研究，並調查一萬小時這個數字後，他們非常戲劇性地說，一萬個小時法則根本是胡說八道。主要是因為沒有什麼特別的原因指出非要練習一萬個小時不可，雖然練習對提升表現來說很重要，但是其他因素可能扮演更重要的角色。

　　還有哪些其他因素能讓我們達到專家級的表現呢？純

粹的天分？智力？運氣好？堅持不懈？辛勤努力？以上皆是……而且不只。年齡、經驗和環境，全都會造成影響。換句話說，沒有單一因素可以預測或確保我們能精通某件事，或是達到最佳表現。

匈牙利裔的美國心理學家米哈里・奇克森特米海伊（Mihaly Csikszentmihalyi），率先展開研究情緒神經科學領域，他首先研究精英級的運動員，後來發現在許多領域都能看到最佳表現，包括科學、藝術和音樂。心流（專注進行某行為時的心理狀態）就像光譜（spectrum）一樣，是一個程度範圍，絕對不是非黑即白、有或沒有的體驗。心流需要適當地融合準備、正向自我談話和流暢度，而且想要啟動心流，很大的程度上要視我們如何學習化解焦慮及挑戰。但這個研究也和焦慮有關；尤其是造成心流的成因和特色，和我們運用焦慮成因的方式有關。

讓身體冷靜下來、鼓勵積極的心態，善用個人的態度，這些全都會有影響。心流需要的其中一個特色就是「動機」。要達到心流就需要非常投入並享受某個活動，這種投入與享受感，部分是由大腦的獎勵網絡所啟動的。我們稍後會在後文看到，這個獎勵迴路可能受惠於焦慮，也可能被焦慮減弱，進而提升或阻礙個人表現。了解（好的和壞的）焦

慮如何與獎勵和動機網絡互動背後的神經科學，有助於了解如何運用好焦慮來提升表現，甚至有更多體驗心流的機會。

我們可以將最佳表現的神經科學，應用在想要學習或重新學習的事物、新技能，或是令我們感到好奇的任務上。但是，重點在於「想要」。運用焦慮來達到最佳表現，我們就必須懷著熱情和興趣來做這件事——而不是恐懼或有所保留。為了運用焦慮，必須和焦慮成為朋友。接著，我們就來看看該怎麼做。

焦慮是把雙面刃

我想大家都同意，焦慮會讓我們表現失常。所以不論你花幾個小時、幾個月、幾年練習某一項技能，不論是在公開場合演說、演奏鋼琴、打網球或籃球等，焦慮不只會影響表現，且絕對會讓我們無法達到最佳表現或心流。但是，我深入檢視這項研究時發現，正如我們可以學習如何培養積極的心態、將錯誤或失敗當成對表現的意見回應，並且利用焦慮的成因來提醒自己要注意當下的狀態，我們也可以學習如何改善表現，也許還能促使自己更接近心流。

以我自己來說，我也經歷過壞焦慮阻礙我在壓力下的

表現。我曾在其他的情況中，學會依賴好焦慮提供的能量來提升表現。我們必須了解這兩種經歷是怎麼發生的。我有一個壞焦慮的例子，只不過我很想忘記這件事就是了。那是我在紐約大學擔任教職後不久，當時負責接待一位備受尊崇的神經科學家來系上訪問和演講。這位女士才華洋溢、世界知名，而且我聽說她對笨蛋可是毫不客氣。我是本校正式接待她的人，也就是說，我要負責籌備她一整天的行程及她與教職員和學生的會議。而且，那天我最重要的職責之一，就是擔任她在上述那場演講中的介紹人。我很盡職地調查並研究她的事業生涯，還把她得過的知名獎項列了一張清單。我非常有動力要在那天完美呈現我準備的介紹詞。

　　但是，當我站上講台準備說出兩分鐘介紹詞時，我非常緊張。也許是因為我一直都有點怕這位科學家（好吧，我承認其實是很怕）；也許是因為當年我只是個年輕的教職員，而且是第一次介紹來系上訪問並演說的知名講者；也許是因為我覺得她來訪的所有事項都是我的責任，而給自己太大的壓力，過於想把介紹詞說得清楚、詳盡、有如真知灼見，甚至令人難忘。別忘了，上述指的是一段兩到三分鐘的介紹詞而已。但是因為我對自己的期望太高，當我站上講台時，感覺到緊張的能量爆棚，變成了典型的壞焦慮。

　　我記得很清楚，當我一開口，就聽到自己的聲音在發抖且破音，而且我充滿恐懼地想，我聽起來就像是大學部的學生第一次上台報告，而不是正在介紹同僚的教職員。最糟的是，我不只是聲音發抖；我根本無法閱讀帶在身上的小抄。結果我跳過一大段的讚美詞，急急忙忙地說完介紹詞。

　　直到今天，當我回想起那段失敗的介紹詞，我都還會顫抖。焦慮嚴重干擾我，不只干擾我的身體，也讓我的腦袋不靈光，使我的腦袋僵住、嘴巴無法正常運作，而且我似乎連閱讀事先準備好的小抄，這點能力也喪失了。

　　焦慮的觸發可能會造成好或壞的結果，即拖累或是提升表現，如果變得更好，就有可能產生很棒的結果。在學習如何運用焦慮以達到最佳表現時，焦慮這把雙面刃扮演著重要的角色。當然，人人都可能會有表現焦慮：諸如測驗前、工作面試前、上台演講前、體育活動或競賽前，在重要的時候覺得緊張、手心流汗、心跳加速。**焦慮在某個程度以下都是好的，因為它能讓你專心，並且提供動力。**

　　緊張其實是很有幫助的，緊張會提醒你「正在做很重要的事」。但是當緊張過度，疑慮開始升高、恐懼出現時，身體機能會突然故障，這時就無法運用焦慮了。

認識心流背後的神經科學

　　那麼，心流是什麼？奇克森特米海伊和同僚，以及中村姬恩（Jeanne Nakamura）都發現，當全神貫注或沉浸在一項活動中時，人類會處於一種高層次的狀態，稱為「心流」（flow）。心流的定義是一種深度投入的狀態，此時高度的技能及表現伴隨著看來放鬆、近乎不費心力的精神狀態，當事人極為享受而且沐浴其中。研究人員也指出，心流不是每天都會發生，而是非常罕見的情況，當對的認知、身體和情緒特徵幾乎神奇地配合時才會發生。

　　關於聚焦於「焦慮的激發與表現之間的關係」，這種研究已經持續了一段時間。早在一九〇八年時，哈佛大學的研究員就已確認「葉杜二氏法則」（Yerkes-Dodson Law），研究員想了解是什麼激勵以目標為導向的行為，例如為了考個好成績而讀書。研究員想了解，焦慮在動機中是否扮演正向的角色。他們發現，**情緒到達一個程度即會激發焦慮，而產生的焦慮會激發出最佳表現**（請參考右圖中的最高點）。但是，激發的焦慮如果超過某一個程度，也就是我們所稱的壞焦慮，會導致表現失常。

　　那麼，接下來我們就來看看圖表的左邊。投入的部分

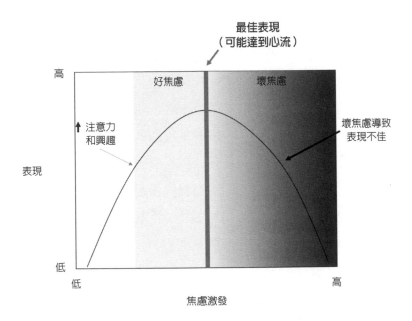

圖 4　焦慮與表現間的關係

這個定義心流的機制和圖表，也反映出我們與焦慮的關係——學習善用焦慮就會帶來幫助，但必須記住，這兩者之間的關係非常微妙。

隱含著享受與愉悅感。焦慮激發指的是，我們需要一些壓力才能引起警覺的狀態；這是焦慮好的一面。最後是所有面向的相互作用，幫助我們準備好，或是為進入心流狀態而鋪路，以達到最佳表現。請注意，當焦慮激發的程度開始增加、專注力提升時，好焦慮就會開始產生作用。有時可以透過測量，諸如心跳和膚電傳導（skin conduction）等自主活動（autonomic activity），來衡量焦慮的激發。另外，我們也可以透過由腦波（Electroencephalography，EEG）偵測來測量皮質活動。興趣及專注的程度，也會和焦慮激發（正能量）、注意力一起出現。這些因素能幫助我們的表現大幅提升，可以說是在表現圖表中這座「山」的山頂，在最佳表現時，你就會體驗到心流。這張圖清楚地闡明，為什麼標準的心流不會經常發生。要達到真正的「奇克森特米海伊心流」的頂峰，必須有很多要素的結合。

　　另一個可以預測心流體驗的要素，就是改善能力。當然，每個人的「最佳表現」是相對的。我拉大提琴時的最佳表現，永遠會比馬友友差得多，但是不論我的技巧好壞，達到心流狀態的可能性能給予我動力。我想做得更好、我想要進步，這個欲望就會觸發大腦的獎勵網絡。我們會記得愉悅的體驗是因為大腦會釋放多巴胺，讓我們感覺很好。我們記

住的就是這種好的感覺，而且想要再次體驗這種感覺。**當你做某件事的技巧愈好，你的腦－身體系統的表現就會愈有效率**。技巧愈好，你就會愈覺得自己有能力。當你愈覺得自己有能力，你的表現就會愈放鬆。

再看一次這張圖，記住，在可能發生心流的最佳表現和陷入壞焦慮使表現驟降，這兩者之間的差距很微小，彷彿走在刀鋒上一樣。還有一個詞可以描述這張圖右邊的表現驟降、焦慮激發飆高，那就是「失常」。接著我們就來了解「失常」背後的科學，如何幫助我們理解焦慮、如何干擾我們或是不會造成干擾。

失常是如何造成的？

前芝加哥大學教授，現任巴納德學院院長的希恩・貝拉克（Sian Beilock）研究過精英程度運動員的失常表現。她發現，當事關重大時，人們傾向讓焦慮控制自己。焦慮會對我們不利，很多人甚至不知道發生了什麼事。有時候，就算我們覺得已經做好準備，焦慮也可能控制神經系統，因為我們開始思考。我相信在讀本章時，你會想到某個曾經歷過的情境：你已經兩次駕照路考都沒考過，現在要準備考第三次、

你將要帶新的對象回去見父母、你將要去一場重要的面試。因為事關重大，你就僵住了。我們都能想像自己的手心出汗、心跳開始加速，腦袋想著各種「萬一」而阻礙了思考。

棒球員在美國職棒世界大賽（World Series）第九局上場的打擊手、老虎・伍茲（Tiger Woods）在美國公開賽上推進最後一洞，或是泳將菲爾普斯（Michael Phelps）打算在奧運會上重返榮耀，因為這些事都太重要了，可能會使他們變得激動而無法表現出預期的能力。雖然他們早就花了數小時、數月、數年的時間進行高水準的訓練，本來應該要避免失常，但焦慮卻是個複雜的因素。

貝拉克解釋，腦－身體系統對過多壓力的反應，會占據太多寶貴的「腦部空間」，導致適應不良。打擊手一直鑽牛角尖想著手腕不要傾斜、學生試著回想某個公式在課本的第幾頁、電腦程式設計師回想某一段程式碼──這種過度思考會干擾我們的表現，無法發揮自己原本具備的能力。棒球員真的需要在第九局時想手腕要傾斜的事嗎？學生真的需要去想公式到底在哪一頁嗎？程式設計師真的需要回想整段程式碼嗎？不需要。如果一個人熟讀教材或反覆練習某項技能，就會「了然於心」，那麼當壓力來臨，他們就能運用焦慮激發的狀態（生理、認知和情緒），自動回想該怎麼處理

當下的事，包括打球、解題、輸入程式碼。這些都是因為他們已經花了很多小時在練習。**當我們練習某個技巧或某些技巧愈多，我們的腦－身體系統就愈會創造一種模式，以便更有效率地運作。而鑽牛角尖的「思考」，就是這種放鬆狀態和信任自己的大敵。**

當內在或外部壓力太大，通往自動運作的路徑就會中斷。這就是失常的基本原因。在我職業生涯早期，即我在前文回憶的介紹科學家事件，再加上給自己的壓力，干擾了我早就做好的準備，造成失常。因為事關重大，我無法排解壓力，我沒有任何可讓身體平靜下來的方法，而且我沒有信心、無法信任自己。我對情況的所知干擾了原先的準備，導致出糗。

貝拉克的研究揭示了關於失常的另一個有趣面向：「是我們對壓力的感受，觸發了失常的現象。」貝拉克發現，即使是微妙的刻板印象——例如女性的數理能力不如男性、白人的跳高能力不好，也會對表現造成負面影響。舉例來說，在接受測驗前，當女性被要求勾選性別欄位時，她們的表現會變差。認知的提醒引發情緒的反應，結果影響了表現。但好消息是，當她們被要求回想自己在學術界的資格時，面對測驗時的表現會提升一〇％。同樣地，這裡的重點是，認知

和情緒是同步的。負面情緒可能阻礙思考，正面情緒可能強化思考。就心流來說，這就是為什麼享受活動很重要；那種愉悅感會提升多巴胺（快樂的神經元傳導物質），會幫助我們放鬆和表現。

如何運用焦慮，以達到最佳表現？

我和聰明的學生一起工作時發現，他們常會給自己太大的壓力，導致失常。我之所以一直記得以下這個故事，是因為我看著這個學生最後運用焦慮的力量，達到最佳表現。

湯姆是個非常聰明、口條清晰的研究生，他的寫作能力是我看過的學生中，最好的一個。他很喜歡寫作，在我們一起撰寫的學術報告中，就看得出來他的態度與熱情。當他在實驗室會議中簡報科學報告或是他自己的資料時，他似乎都能表現正常——幽默、聰明、輕鬆。但是當他在一大群科學家面前（即使他本來就認識所有人），他就會失常。看得出來他很緊張，而且因為我們從沒看過他這個樣子，所以當他緊張時就更明顯了。

有一次，當他緊張到連話都說不出來時，最後就是在公開場合崩潰了。他非常激動地來找我，眼淚就快奪眶而

出。「我就是沒辦法停下來，不論在報告前練習或排練了多少次，似乎就是控制不了。」他如此說著。

我被他表現的情緒嚇了一跳。然後我說：「湯姆，我該怎麼幫你呢？」

「妳是怎麼學會冷靜地在公開場合演說，或在課堂教學和報告？」他詢問。

我說：「這個嘛，我想是因為我真的很喜歡教學及和聽眾互動。從中獲得的享受感幫助我放輕鬆，並且每一次公開說話都幫助我做得更好。」

換句話說，做喜歡的事而且想要進步，可以激勵我拿出最好的表現。我之所以能平穩地公開演說，是因為我相信這能帶給我愉悅感，而不是相信這會對我造成痛苦。

說完這些話後我得到一個靈感：我必須幫助湯姆期待報告，但首先他必須建立起一些策略，幫助自己擺脫恐懼，才能感覺更有自信。我也需要幫助他維持對科學的熱愛；這是幫助他放鬆並且投入的關鍵。

湯姆必須花時間排練簡報，而且他很熱愛科學，但我發現，我必須幫他找到能運用焦慮的方法。湯姆有其他的優勢，可以幫助他克服對公開演說的焦慮，例如他很有幽默感，我們每週在實驗室開會時，他隨機應變的經驗很豐富。

所以在徵得他的同意後，我決定對他做個小小的實驗。

我問他，除了公開演說外，是否能告訴我其他令他擔心或焦慮的事。他說自己對於「錢」一直很焦慮，而微薄的研究生補助金並沒有幫助。

「這對你有什麼影響？」我問。

「我想我已經學會與焦慮共存了。但是，有時候我還是會夜不成眠。我離清償助學貸款還很遠，而且也擔心畢業後在學術界找不到高薪的工作。」

我問他：「你能想像帶著這樣的不適感生活嗎？」

「我想是吧。」他說。「就算現在賺的錢很少，我也很想要拿到這個學位，而且我很喜歡學習科學。」

然後我對他說，他已經習慣了面對低程度的不適感。他同意我的說法。然後我問他是否發現，他可以把面對金錢焦慮時用的策略，用在公開演說上。雖然他不這麼認為，但仍願意嘗試。

我認為也許他可以把對「金錢焦慮」的忍受力，用來緩和對公開演說的恐懼。即使焦慮的原因不同，但引發焦慮的過程和生理反應還是非常類似（兩者都是以相同的方式觸發同樣的壓力反應系統）。問題在於，湯姆該如何將他對演說焦慮的忍受力，提升至和財務焦慮的忍受力一樣高？第一

步就是要知道，他已經在管理有關金錢的焦慮了；知道他的
壓力忍受力非常重要，這樣他才能將這個忍受力應用在其他
方面。這個忍受力也能讓他轉為積極的心態，讓公開演說時
的焦慮，降低到可忍受的程度。

　　這只是第一步。然後我幫助他規劃策略性的計畫，以
迎接他在系上第三年的報告，這是所有研究生都必須做的
報告，但湯姆已經開始為此失眠了。我們採取的方式分成
三部分：

① 一起練習報告內容

　　這樣他就知道所有要說的話，以及知道該如何回應
（幾乎）所有可能被提出的問題。我沒有要他背下報告
的內容。事實上，他每一次討論這些內容的方式，都要
有點不同，這樣當他在報告時才會像在對話一樣，這對
他來說很重要。我要他了解要說的內容，以及其中的關
聯。我們的排練讓他的工作記憶（working memory）
變得比較像陳述性記憶（declarative memory）。我會對
他提出我所能想到最難的問題，然後我看到他的表現愈
來愈好。我們練習得愈多，他就愈有信心、愈流暢，甚
至很享受在練習時回答我的問題。我們練習時有個很重

要的部分，那就是我向他提出我所能想到最難、範圍最廣的問題，因為他的焦慮有很大一部分似乎聚焦於此，當他面對無法掌握的情勢時，就會無法反應。我們都知道，就算他可以說得很好，但如果無法有自信地回答問題，人們就可能會對其表現留下不好的印象。

過往的經驗告訴我，經驗豐富的報告者會知道一些常見的問題，以及該如何回答。沒錯，偶爾會有非預期的問題，但大部分的問題都會有特定的主題，讓你能練習回答，避免因此類問題感到不安。此外，你也會開始了解，最好的問題就是能讓自己得到新觀點，重新解讀並與觀眾討論，這就是報告最棒的地方。當我看完所有的問題後，發現湯姆愈來愈擅長言簡意賅地回答問題。我看到他的信心開始提升、臉上的焦慮開始消散。

② 一起合作，以調整他對公開演說的看法

我提醒他，這種報告有一部分是為了要與其他科學家分享個人研究，以及對科學的熱情。他必須了解，報告應該要呈現出他在實驗室時的愉悅與好奇心。他必須運用這種愉悅感，把對科學的熱愛轉移至報告上。

③ 給予他正面的意見回應

　　包括他很認真準備，以及他報告的內容有多棒。我一直說，他很認真準備報告，我以他為榮，而且毫不懷疑他一定可以表現得很好。

　　結果，他第三年的報告表現非常好！他一開始有點緊張，但他承認自己很緊張。他沒有讓緊張變成焦慮，他運用我們一起練習過的經驗，包括好焦慮。他很快就找到自己的節奏，然後表現得非常精彩。他被問到的問題很難，有一些不好回答，但他還是撐下去了。我看得出來他鬆了一口氣，當其他研究生說他做得很好時，他感到很自豪。

　　湯姆大幅改善了自己的表現，但是並沒有真的進入心流。他熱愛這個經驗，並且變得很興奮且有動機練習更多，以幫助自己進入心流。他一定會成功的！

　　我分享湯姆的故事，主要原因在於：湯姆和許多有抱負的人一樣，都想要學習管理自己的焦慮。他也了解，善用焦慮能幫助自己，提升生產力，並且改善表現，令他想要做得更好。這些年來，我在大學部和研究所的學生身上，看過許多次這樣的進展。他們很熟悉課程內容，顯然是可以拿高

分的程度，但是他們對（紙筆和口頭）測驗非常緊張，導致無法在測驗時表達出實力。他們會看錯題目、按照指示卻犯了不必要的錯，結果得到的成績無法反映出真正的實力。以一個教師的角度來說，重要的是學生學會管理焦慮。我們都知道，人生中一定會有壓力；**不願意面對壓力的學生，只會讓自己沒機會學習在壓力下處理事情。**

我發現，當我給學生意見回應，並且說他們對某個主題已經很熟悉時，他們會感受到鼓勵、比較不焦慮，而且通常測驗的成績（也就是表現）會更好。這種正面的意見回應其實也就是說些加油打氣的話，但是內容重點放在擴展他們的壓力忍受度，並且找到管理壓力的方法。

我也鼓勵學生當自己最好的測驗「教練」，尤其是占成績比重較高的測驗。我建議他們把測驗當成是體育活動的訓練——練習、排練、給自己加油打氣。怎麼做呢？在複習完教材和回答練習題後，更好的方法是出題給自己，以判斷是否熟悉測驗的內容，然後告訴自己：「安啦！」在心想默想複習時所花的時間，然後想像自己有條不紊且冷靜地一一回答教授出的所有問題，完全沒有遇到狀況。如果有一題卡住了，只要繼續回答你知道答案的其他問題，晚一點再回來回答不知道的問題。等到了測驗當天，對自己說：「我一定

會戰勝這次考試！我很認真讀書，我知道所有的答案，我超強的！」

　　正向的自我談話和觀想（觀察想像）是同時發生的。為什麼觀想會有幫助呢？因為這能幫助你相信抵抗焦慮的情境。觀想能讓你在腦海裡創造新的模式，應付可能會引發焦慮的情境，並提供你其他路徑。如果你對某些考試總是感到非常焦慮，也許可以開始觀想自己正在考試，且清楚而平靜地寫下所有答案。觀想自己在「情境」中想要的樣子。你可以先想像自己在測驗時的樣子，然後再加上其他的細節，例如筆拿在手中的感覺，或是在測驗時你感覺到很平靜。**觀想的力量很強大，但這需要練習和相當的想像力。就像你想要培養新的習慣時，先從小地方開始，再慢慢累積。**

學習進入「心流」

　　想要進入心流，你必須有能力讓焦慮平靜下來，並轉變焦慮、利用焦慮。雖然如同馬友友和菲爾普斯般的精英級心流體驗，可能不是我們能辦得到的，但我們都能感受心流，並以此為目標。任何時候當你接近心流時，感覺會很美妙──就像毒品一樣。你會忘了時間、完全沉浸在當下、享受

自己在做的事，就像馬力全開一樣。心流不只需要愉悅感，也會產生愉悅感，並且提升表現至更高的境界，那就會產生更多心流的狀態。誰不希望人生中能有更多心流的時刻？

那麼，我們何不重新定義心流呢？舉例來說，與其花一萬個小時練習，以達到標準心流所要求的超高水準表現，也許我們可以考慮定義屬於自己的「微心流」。「微心流」是什麼呢？是一種心流狀態，雖然持續的期間比標準的心流還要短，但頻率更高，而且可以大幅豐富我們的人生、提升表現。某種程度上，微心流就是給你機會，享受你在做的事。微心流就是神經科學的核心：「任何需要意圖、專注和有趣的體驗，都可以達到像心流一樣的狀態。」當我們的腦－身體系統經歷如此的愉悅後，大腦會釋放多巴胺，並儲存這個記憶，以便在未來激勵自己。

以下是一些體現「微心流」的例子：

- 困難的瑜伽課程結束後的大休息法（savasana，又譯為「攤屍式」）
- 經過辛苦的一週後，經歷深度且令人舒爽的睡眠
- 和好朋友間振奮人心或好笑的對話
- 舒服的按摩後，感受到深度的放鬆
- 超有效率的一天，你同時完成了五件事（而且只花

了十五分鐘）
・社區合作拯救困在樹上的小貓，大家有共同的目標
　且合作無間

　　雖然上述例子都不是深奧的心流，但皆為在辛苦工作
或深度專注後，出現的放鬆和愉悅，因此能產生獎勵。和標
準的心流一樣，微心流也有很強的動機成分。這能產生什麼
作用呢？不只能降低壞焦慮、提升好焦慮，還能幫助你善
用日常中的每一個愉悅時刻，這就是最有效的休息、復原和
激勵策略。

我做到了！和觀眾一起進入「心流」

　　不久前，我接受一個俄羅斯商業團體的邀請，前往莫
斯科的某大型年度會議。我站在奧運體育館的後台，準備對
好幾千名觀眾談我第一本書的內容，即「運動對大腦的轉變
性效果」。場地很宏偉，我從側翼看往體育館龐大的舞台，
我開始感覺緊張了，因為我忽然發現，這可能是我演講過的
場合中，最盛大的。我記得我的手心出汗、心跳很大聲，不
知道身邊的技術人員是否聽到了。兩天前，我才見過另兩位

演講者，分別是麥爾坎・葛拉威爾（Malcolm Gladwell，即《異數》的作者）和李察・吉爾（Richard Tiffany Gere，電影《麻雀變鳳凰》的男主角）走上台，演講非常令人驚豔。我能辦得到嗎？

更令我焦慮的是，當我在台下聽李察・吉爾和葛拉威爾演說時，我發現主辦單位歡迎所有講者上台的方式，竟然是在舞台前方放煙火。我很慶幸我在前一天就看到煙火，否則到我演講時，我一定會嚇到——顯然大部分的舞台不會有煙火秀！我站在後台，想著當時的規模，並為上台後的煙火做好心理準備。這可能會讓我陷入壓力和壞焦慮中，甚至讓我退步到多年前「介紹主講人的惡夢情境」中。但是這一次很不一樣。我對演講的內容非常熟悉，不只如此，我很喜歡這個演講。我記得當時心想，在非常清楚狀況的情況下，這份演講的內容一定要讓他們感覺「值得為我放煙火」！

然後我辦到了。我利用前額葉皮質，將注意力聚焦於傳遞我真心相信的資訊上，將注意力遠離失敗或擔心自己「沒那麼好」的恐懼。煙火沒有嚇到我，反而提升了我的活力和熱情，以及演講的精彩程度。我事前會緊張嗎？當然！但這些緊張的感覺被用來激勵我迎接挑戰，讓我的演講符合他們的期待——這就是好的焦慮開始運作！最好的部分是，

就算場地這麼大，以及大部分的觀眾都是透過耳機聽俄語口譯員傳達我的話，我仍覺得觀眾完全投入在演講中。

　　雖然我一生中並不常發生「奇克森特米海伊式心流」，但我覺得我在莫斯科的舞台上感覺到了。也許是因為煙火幫我提升了活力，也或許是因為當我才開場兩分鐘，便說出一個關鍵重點「現在就運動，這是最能幫助你轉變大腦的事」，觀眾便開始鼓掌——這種事我以前從沒遇過！也許是因為我在演說時邀請所有觀眾參與兩段短短的運動，為此我還請俄國的鼓手上台兩次，在我們運動時提供音樂，大家也都配合照做。這是我最難忘的演說之一，不只是因為場地特殊，也因為觀眾的參與。我覺得在那場演說時，觀眾和我皆一起進入了心流。

Chapter

6

培養積極的心態

就在我四十歲生日前，我遇到情緒上的瓶頸，前二十年的人生我都花在讀書、研究，在學業和專業能力上不斷敦促自己。我是個有動力又有成就的人，除此之外，我沒有其他的身分認同。從小熱愛百老匯戲劇的那個小女孩，到哪裡去了？不見了。去法國旅遊後愛上該國語言、文化、美食和美酒的年輕女人，到哪裡去了？不見了。瘋狂愛上一位年輕法國音樂家的年輕女子，到哪裡去了？不見了。

我成年後大部分的時間都花在學術上，到了四十歲時，我忽然開始感覺自己是行屍走肉。我工作過度，沒有給自己太多休息、放鬆和充電的時間。我不喜歡自己的樣子和感覺。我覺得與世隔絕，只和少數人往來，而且其中幾個朋友並不住在紐約市。此時，我距離父母還有弟弟都很遙遠。

我非常緊繃；焦慮、憂心、筋疲力盡。這也是讓我這麼努力工作的原因之一──生產力和工作的成就，是人生中少數令我感到愉悅的事之一。其他令我感到愉悅的事還有食物，結果導致我胖了十一公斤。讓情況變得更嚴重的是，我戴著「快樂、充滿活力的假面具」面對世人。我不想被人認為是孤單、沒有朋友的人。我希望別人認為我充滿活力、快樂又活躍，但是，戴著這個快樂的假面具面對世界，反而比展現真實的自我，更讓我感到焦慮和寂寞。

　　一開始我不知道該如何走出這種情境。我覺得好像在把一頭三噸重的大象推到山上。後來我有意識地轉變心態，靠著對科學的理解以及亟欲改變的需求，我開始做一些小小的調整。我發現，如果我的身體感覺好一點，頭腦也會感覺比較好。所以我改變飲食，不再那麼常去我鍾愛的幾間紐約餐廳用餐，而是改吃健康的三餐。接著我開始更常運動。我花了點時間才發現一種我很喜歡的運動，而且幸好我住在紐約，這裡有很多的運動選擇。最後我嘗試並且愛上了一種名為「舞術瑜伽」（inten Sati）的運動，這是一種混合瑜伽、舞蹈和有氧運動的課程。我花了一點時間才把這項運動加入日常生活中。

　　此外，我也並非在一夕之間就建立起定期冥想的習

慣，但我試過 APP、課程和做一些簡單的動作，最後學會冥想。沒錯，重點是學習怎麼做對你最有用。冥想沒有一定的方式，沒有對或錯。

我很仔細注意自己對這些新刺激的反應，並且記錄結果。我會即時創造和收集自己的資料，結果，我發現了轉變性的差異：是的，我減掉了不想要的肥肉。是的，我開始感覺更有活力，而且對待身體的態度更正面。是的，我覺得更平靜、更專注。我的睡眠品質更好，且找到時間放鬆，而不是一直在工作。但我立即感覺到最重要的是，我對心情、自己還有對人生的態度上，都產生了深刻的轉變。

當我後退一步，試著了解並分析生命中的這些改變，彷彿這些是別人的改變。於是我想到了一些問題：「是什麼讓有些人從生命中最具挑戰性的事情中學習並成長，而有些人卻會一蹶不振？是什麼原因讓有些人能走出深切的痛苦，不只是撐了過去，而是活得更好？是什麼讓我不再害怕錯過人生，而想要採取行動？是什麼讓我翻轉人生，儘管當時我仍不知道會有什麼結果？」

我一直覺得自己很幸運，我天生就對這個世界很好奇（所以我才會選擇當教授和研究員）。事實上，我在科學界會把失敗視為實驗中的石蕊試紙。內科醫師、哈佛大學醫

學院教授約瑟夫・洛斯卡爾佐（Joseph Loscalzo）在他的文章〈失敗的禮讚〉（*A Celebration of Failure*）中指出：「當然，失敗是科學方法的一部分。所有設計精良的實驗都是相對於虛無假說（null hypothesis，是做統計檢定時的一類假說。虛無假說的內容一般是希望能證明為錯誤的假設，與虛無假說相對的則是對立假說），而虛無假設通常是有效的，而非對立假設。」我很熟悉失敗，只是從來沒有把失敗當成自己的。的確，在這麼多的焦慮中，我被迫把自己的情況視為失敗，但我當然可以學會了解這個失敗。

這是具有生產力的反應，而科學指出我們有可能培養這種「對失敗、錯誤或甚至是壞運的反應」。**我們生來就有能力將發生的事（不論好事或壞事）當成學習、成長和拓展視野的機會**；這樣的能力也可以引導我們將發生的任何事情（不論好事或壞事）解讀成問題、可怕和不可靠。透過這樣的角度來解讀和處理我們的體驗，以及更重要的，對自己能力的信念，稱為心態。這個有趣又熱門的研究主題是根據卡蘿・德威克（Carol Dweck）的研究成果，德威克是史丹佛的心理學家兼教育者，她長年的研究發現，兒童、學生和成年人會有兩種心態，即固定型和成長導向型。

德威克想了解為什麼有些學生雖然遭遇失敗或阻礙，

卻仍能堅持下去，有些則會放棄。她的研究重心放在學生如何看待自己的能力或才智。舉例來說，她發現，當一個年輕人相信人的才智是固定的，那麼這個人就會發展出固定型心態，也因此而更難堅持下去。這樣的人也傾向相信，任何的錯誤或失敗，都是在展現（證明）自己有限的才智或能力。

　　而另一方面，相信才智是可以透過努力而學習並成長的年輕人，會將錯誤視為資訊，以引導自己下次可以找到更好的解決辦法。成年人若懷有成長導向心態，也會這麼認為。好消息是，德威克證明了成長型心態可以被發展出來。她指出，成長導向型心態的發展過程，有四個特定的步驟：

① **你要學著傾聽固定心態的「聲音」**

　　它會說，你在任何情況下可以實現的成果，都是有限的。

② **你必須有意識地知道自己是有選擇的**

　　你要相信自己的能力是有限的，還是要相信成長型心態的聲音告訴你，你可以控制自己的壓力反應。

③ 你要用正面、成長導向的聲音，主動反駁負面、自我限制的聲音

看起來好像有點奇怪，但這是一種排練與練習。不要說：「我絕對不可能撐過去，我再也受不了了。算了，我就是爛。」要試著說：「這件事給我的壓力很大，但我知道這會過去。我可以辦得到 X、Y 或 Z，我知道完成後會感覺更好、更踏實。然後就能想出下一步該怎麼走。」

④ 最後就是採取行動

這表示想清楚該怎麼做。此時你要言行合一，行為要表現出你知道錯誤、阻礙或負面的意見回應是一種資訊，讓你知道該怎麼想及如何行動。

這些年來，我看過許多學生從固定型心態轉變為成長導向型心態。他們不只變得更投入、更有動力，而且通常學業成績也大幅提升。但對我們來說更重要的是，「焦慮」正是這種心態轉變的開啟，我稱之為「翻轉」之門。

當你注意自己對壓力最初的反應時，焦慮就會現身，此時你可以選擇：讓焦慮掌控你，或是採取行動，並以不同

的方式來回應壓力。這就是你抑制焦慮,並學習如何運用焦慮的第一步。

將焦慮從完全負面「翻轉」成中立,或甚至是正面的體驗,其中很重要的一部分,是要仰賴有意識的決定。我將這個有意識的選擇稱為「積極的心態」,這和大腦的可塑性本質有很大的關係。

把焦慮當成改變的催化劑,是一個主動的選擇,焦慮原本是個問題,但你把它重新塑造成學習的機會。當你發展出積極的心態(你可以把這個當成是有目標的成長型心態),你就能採取由上而下的方式來控制與焦慮有關的,包括不好的、不舒服的態度與傾向,轉變不好的感覺(這種感覺會減弱),並相信自己可以用正面的方式來運用這些感覺。

讓焦慮促使你積極,變得更強大

你應該知道有句話說:「殺不死你的東西,只會使你更強大。」這是指積極心態的一種重要面向,即學著相信焦慮殺不死你,並且知道如何將力量聚焦,以撐過難關。這種思考方式能讓你處理各種情境、事件或體驗,雖然感覺不舒服,但你能從中學習,然後將這個新學會的能力用於有生產

力、創造力的地方。

積極的心態包括：清楚「態度」如何影響解讀或評估事件、情境的方式。當你覺得有一道門關上，焦慮會讓你覺得沒有出路；積極的心態則會讓你退一步，尋找一扇窗。

當我身處危機時，持續高度的憂慮，令我只專注於未來可能發生的壞事：「萬一我沒有拿到終生教職該怎麼辦？萬一我忽然被解雇怎麼辦？萬一我永遠瘦不下來怎麼辦？萬一根本沒有人在乎我是否瘦身成功，該怎麼辦？」

為了真的改變我的處境，必須先承認我的感覺有多糟。好幾個月甚至是好幾年來，我試著在不適的感覺中繼續生活，或是為了避免不好的感覺而使情況更糟，我必須對自己承認，情況的確不對勁。停下這些事，並讓自己感受這些感覺，意味著我不能只是跳過擔心的時期；我必須面對我的感受，並決定要活在不安之中，還是要試著改變。我知道我必須找到一件正面的事情讓自己分心，不要去專注於不適感受，要讓自己脫離這些感受。我學會當我去上複雜的健身課程時，我會很專注於運動，沒有機會去想其他事。我發現，當我在上自由搏擊時，因為必須運用腦－身體所有的力量才能跟上複雜的動作，我就不會去擔心是否能保住工作。

如此一來，我得以暫時放下一些負面的感覺，讓自己

得到喘息空間。但現在回顧過去，我發現即使是當時，我仍在逃避一些很重要的事。我的焦慮是很大的警訊，它其實是在說：「妳需要更多社交互動、朋友、友誼和愛！妳不是只會工作的機器人！請注意我傳送給妳的負面情緒；這是在給妳訊息！這些負面情緒很寶貴！」

我必須承認我有選擇：要繼續當時的生活，還是進行調整。當我領悟到（更重要的是我承認）人生並不快樂時，就是我承認的時候。我的領悟有一部分是，實現所有學術界的目標：「得到終生教職、發表的論文在學術界獲得一席之地，以及受邀到處演講。」這些並不會使我的人生幸福美滿。我也必須面對一件事，那就是雖然我住在一輩子都夢想要居住的紐約市，這裡有各種享受人生的機會（很棒的餐館、百老匯，及各式各樣的博物館），但我卻是獨自享受這些事。這些情況讓我仔細檢視我的人生，並思考焦慮惡化的原因，不只是我做的事，還有我沒做的事及錯過的事，包括度假、旅行、朋友，及對語言的愛好。

當時我對度假的態度是「因為我現在單身，無法獨自享受任何度假的樂趣，所以沒必要計畫特別的活動」。這樣的態度加上專注、認真工作，使我逃避不好的感覺，結果我用不健康的心態把自己綁在實驗室。但是，我在別的地方所

做的改變，卻產生正面回應，讓我有空間思考我的選項。我刻意把對度假的態度改為：「因為我沒有牽絆，所以我可以想去哪裡就去哪裡，不必按照別人的行程或喜好來限制自己。真是太棒了！」

那麼我做了什麼呢？我決定度過一個最棒的假期，而且我有個絕妙的好主意。我曾經在一次週末的水療度假時，聽一些健身教練、冒險活動指導員提及，他們工作的旅行社有提供探險的行程。旅行社會帶人們到世界上風景最優美的地方，他們就可以在冒險之餘，體驗不同的文化。我心想：「就是這個！我要打破自己的常規，展開一場最棒的冒險度假之旅。」我的第一場冒險是去希臘，我們有一位很棒的導遊和十五個熱愛探險的旅人（包括一位單身旅人，就是我！）一起在海上划獨木舟。我們從希臘的濱海小鎮划到另一個小鎮，享用所有新鮮的美食、做了很多運動，甚至去過荒煙蔓草的希臘廢墟。那趟旅程真是太棒了！造訪和紐約市完全不同的地方，並認識那些愛冒險的旅人，真是令人愉快的經驗。那次的旅程為我開啟了一連串的冒險，包括遊覽尚比亞和辛巴威的維多利亞瀑布和贊比西河、在祕魯的柯塔瓦西河泛舟，以及在中國各地旅行。

我記得那個自由和愉悅的感覺，也改變了那年暑假。

原本應該是無止境的工作，變成了刺激的新生活冒險。在我掌控了自己最初的焦慮後，這只是一連串心態改變中的第一個。就在我開始從態度（我到後來才稱這個叫積極的心態）的改變中獲得力量後，我開始和自己玩一個遊戲：「我可以改變對金錢的焦慮嗎？」

　　我開始檢視任何讓我裹足不前、無法真正改變的信念。如果你相信獨角獸是真的，而且有神奇的魔法，那你就會一直生活在這樣的信念體系中。如果你相信工作時數代表你這個人的生產力，那你就會這樣過生活，花很多時間在工作上。舉例來說，我一輩子都在擔心沒錢（你也和我一樣嗎），這是因為我相信錢很難賺、開源不容易、金錢永遠是有限的。既然如此，我就允許自己去找一些證明，例如：我的薪水很不錯，能滿足我生活的需要；我從來不會繳不出帳單費用，或是沒有錢度假。當我有意識地提醒自己這些事實，就是在給自己機會，修正那些會令焦慮加劇的信念。當我決定根據我的研究成立科技公司時，我馬上就面臨「相信金錢是有限」的信念。公司成立一年後，很明顯成立新公司很花錢；我必須投入的金額比我原本願意投入的還要多。我並沒有選擇放棄，或是讓金錢焦慮阻止自己堅持下去，我決定積極調整、重新看待，最後重塑我對金錢的信念。

現在，我對金錢的新態度是這樣的：「我很擅長找到新的資金來源，且總是馬上會出現新選擇。我知道我必須（聰明地）花錢才能製造新產品，並讓更多資金流入，所以我很樂意花錢把工作完成。永遠會有人願意提供資金給好的主意，而我對自己的構想有信心，相信一定有資金能資助我的構想。」

我的態度轉變是這樣的：

原本的心態	新的積極心態
金錢很稀少	錢很多
我在單打獨鬥	我有很多支持我的親友
我必須讓所有人高興	專注於實現人生目標，就是最好的方向
我是一個人，好朋友很少	我有很多很棒的朋友
我必須一直工作，才會有成就	喜悅、歡笑和樂趣，是為大腦充電的最好辦法，因為這樣能讓腦力全開
我以自己的失敗為恥	我從生活中的所有失敗裡學習並成長

　　我必須找到辦法，從太過害怕把錢拿出來冒險，轉變為擔心風險，但同時也相信這些風險是值得的，因為我有可靠的資源和方法能取得資金。

　　知道自己有力量後，就能緩和對金錢的焦慮，這是改變我面對情勢的關鍵。我找到那些阻礙自己正確評估情勢的信念，然後將這些信念轉變為對我有幫助的信念，這讓我覺得鬆了一口氣，進而掌握住情勢。每次我這麼做，世界感覺變大了。我的意思不是說，我可以彈一下手指就忽然變出錢來，哪有那麼簡單！但我能做的是，拆掉阻礙我朝向目標的高牆。**培養積極的心態需要想法、投入，以及願意忍受不安的感覺。**並不是我對金錢不再焦慮了，而是我盡可能試著從這些焦慮中獲得好處。

　　當我緩和壞焦慮並開始主動培養積極的心態時，我也了解到焦慮「真正」的作用：這是一個警告系統。當生活開始接近我的有限信念的邊緣時——例如當我冒險、夢想太大、踏出舒適圈時，就會觸發我的焦慮。當我和焦慮保持距離，以思考到底是怎麼回事時，就會看到這其實是很過時且沒幫助的信念，即我對於成立新公司要花很多錢的恐懼、焦慮，源自於我相信金錢是很稀少的資源。我對計劃真正的度假所感到的焦慮和緊張，源自於我想避開所有的負面感受。

我的焦慮是一個跡象，讓我知道計畫和信念體系並不一致。

　　來自焦慮的警告永遠不會消失，但我開始知道該如何利用它了。

傑瑞德的故事：擺脫壞焦慮，找回積極心態

　　還記得在前文中出現的傑瑞德嗎？他大學畢業兩年後還沒搬出父母家，被焦慮和憂鬱困得動彈不得。他因為過度分析情況，結果無所適從，而他走出來的第一步，就是父母對他下最後通牒，要求他找工作，不然就搬出去。他們也提醒他，他是有選擇的。就算找到的工作不是大學時夢想的，還是可以繼續工作下去。

　　父母對他施壓，觸發了傑瑞德內心深處的某個感覺：他氣瘋了。一開始他很生氣父母這樣對他，他的心態是：「讓他們瞧瞧我的厲害。」後來他開始上網找工作時，又變得更生氣了。他是個聰明、能隨機應變的人。他的人生困住了嗎？沒錯。但他有能力解決這個問題嗎？當然可以。

　　父母對他的要求也迫使他承認，他一直對於自己找不到工作、人生沒有任何方向而感到羞恥。但這一次，他沒有沉溺在羞恥感中，他把憤怒當成救生筏。

　　傑瑞德記得母親曾提到在哥斯大黎加的一個志工計畫，志工會接受蓋房子的訓練，同時教授英語。這是為期一年的志工工作，而且傑瑞德在大學時的輔系就是西班牙語。他很快研究了這個計畫，填寫線上申請表，然後就被錄取了。他似乎很適合這個工作。雖然他覺得很害怕、非常焦慮，但也覺得自己有能力勝任，所以他逼著自己走出家門、搭上飛機。他覺得既孤單又走投無路，比困在父母地下室裡的羞恥感更強烈。

　　幾乎是在抵達聖荷西（San José），見到同樣來自美國的志工時，他就開始覺得重獲新生。黑暗、陰晴不定的感覺，原本像一張濕冷的毯子覆蓋在他身上，忽然被拿走了。接下來的六個月，傑瑞德開始調整心態。他的焦慮和憂鬱並沒有消失，但是在這個新環境中，他開始慢慢地能忍受不安的感覺。他開始融入村子裡的家庭和文化。他的工作需要費很大的力氣——他所屬的小團隊，在哥斯大黎加北區裡的山上，一個偏遠的小村莊裡為村民蓋房子。這個工作為傑瑞德帶來兩項非常需要的東西，第一是體力，這能幫助他強健體魄，再來是轉移注意力，能讓自己不再專注於工作、房子、人生以及其他困境。

　　當身體活動得愈多（前往工作地需要健行十小時），他

就感覺高中和大學時期的活力都回來了，心情變好了，他感覺人生並沒有那麼糟。而且最重要的是，他已不會對任何事感到焦慮了。他也因為這份工作而有更多社交生活。他的工作需要跟孩子們說話（畢竟他是英文老師），而空閒時則要為當地社區蓋房子，所以也要和同事溝通。這樣的社交互動給了他正面的回應：他受到重視，工作有意義。這樣的回應讓他能有意識地重新評估「自己的價值」。

　　傑瑞德做出了一八〇度的大轉變：投入體能、情緒、認知和社交活動，不只帶來新意義和目標，也能有意識地改變心態。他很清楚記得當他還住在父母家時，很恐懼找不到有意義的事，父母要求他搬出去的壓力愈來愈大，帶給他許多焦慮及對錢的無助感。他現在可以用負面的情緒來幫助自己做出改變。相較之下，在哥斯大黎加時，他有全新的目標，令他興奮又具有意義。他不再覺得未來是困在父母的地下室裡，他覺得教學或從事慈善活動或是兩者的結合，開拓了他的視野。他不再感覺大學畢業後的前途茫茫，他知道自己會是很優秀且關心學生的教師。他不再感覺孤立無援，沒有親近的朋友支持，在這群關心學生、互動的教師中，他覺得找到了歸屬。因為人生做了非常大而且幾乎是立即的轉變，傑瑞德發現壞焦慮減輕了，他可以將新的心態應用在自

己和人生上（其實這需要的時間更長）。這樣的心態從他的臉上、態度，及私人與工作關係、他與自己的全新關係中可以看得出來。看著他的轉變，真是太美好了。

那麼，傑瑞德的腦袋裡啟動了哪些新迴路呢？是什麼讓他跳脫壞焦慮，並造成心態上的轉變呢？

從神經科學的觀點來看，我們很了解焦慮時啟動的大腦迴路。在傑瑞德去哥斯大黎加前，很有可能杏仁核非常活躍，原因在於，被稱為背側前扣帶迴皮質的前額葉重要部分，及與焦慮和憂鬱有關的其他腦區，共同強化了杏仁核的活躍性。

當他在哥斯大黎加被新團體接納時，他的杏仁核、背側前扣帶迴皮質，及腹側前扣帶迴皮質就可能開始緩和下來。由於傑瑞德徹底改變了生活環境，使腦部的活動變得較好。舊環境中會引發負面感覺的因素已經消除，新的、正面的刺激可以喚醒他的神經系統。環境改變就是新的、正面的壓力源，能減輕他的壞焦慮，並讓他開始知道自己的情緒狀態。

我們也會看到他的前額葉皮質和前扣帶迴皮質變得更活躍，且大腦各區的互動也變得更多。彷彿正面的情緒是生鏽引擎的潤滑油，讓傑瑞德又活了起來。以傑瑞德來說，他找到翻轉焦慮的捷徑，原因在於：

① 體能活動增加，他能透過活動消除體內的壓力化學
物質。

② 前往全新的環境，那裡沒有任何舊的、已存在的焦
慮觸發因素，所以他就能發展出新的反應。

③ 社交活動變多，讓他覺得更親近其他人，因而身體
會釋放一種名為催產素（oxytocin）的荷爾蒙，讓
他覺得更快樂。

④ 從事活動時，感覺自己有價值，進而轉變人生意
義，感覺自己有能力貢獻給世界。

此外，傑瑞德發現這些調整幫助他徹底改變生活。因
為這樣的轉變發生得很快，讓他可以把搬到哥斯大黎加前持
有的負面信念（我永遠也找不到工作、我永遠找不到比父
母的地下室更好的地方、我孤伶伶的、我不知道這輩子該做
什麼），對照後來完全不同的積極心態，進而找到人生的方
向、找到想要歸屬的團體，以及將這個工作變成令人興奮的
事業。他找回了在高中和大學時的信念，即快樂生活。他只
需要擺脫控制自己的壞焦慮（並且找到在哥斯大黎加的志工
計畫），就能找回原有的樣子，並且知道如何利用積極的心
態，度過不安全和優柔寡斷的時期。

我不是說傑瑞德的人生會一帆風順，下半輩子都不會再有懷疑、恐懼或焦慮；他比較可能是有一些焦慮，而且這完全沒有關係。傑瑞德傾聽內心的焦慮，因而讓自己投入新環境，減緩了焦慮的來源，也就是不知道該何去何從的不安全感、自我懷疑和恐懼。離開令他感到焦慮的地方，幫助他開始學習運用焦慮、做出改變，而且他注意到這個「改變」正是幫助自己建立積極心態的關鍵。

「重新評估」看待事情的態度

如何運用「成長導向型的心態」？不妨試著重新評估。

當你重新評估情境時，就是運用神經科學家所說的認知彈性（cognitive flexibility）——用不同的觀點來看待相同的情境。感覺被困在一個情境中無法逃離，或是找到有創意的方式來解決問題，兩者之間的差異就是「認知彈性」。對許多人來說，焦慮可能是因為覺得逃脫不了某個結果、感覺彷彿沒辦法解決問題、擺脫不了尷尬的事，或是無法避免不好的情境。重新評估是一個很強大的工具，可以運用於特定的情境中，幫助我們一一拆解引起焦慮的情境，並且以不同的方式來處理這些情境。

　　重新評估有助於我們以不同的角度來看待一個情境，就像將原本熟悉的房間漆上油漆，就會改變整個氣氛一樣。以這個情況來說，**採取積極的心態是指，練習把焦慮等負面情緒當成一個資訊——這麼做是在教我們「看到」自己的感覺，而不是受制於感覺**。當我一發現自己困在壞焦慮中、遇到瓶頸時，能立即知道「我的感覺」和「真實情況」之間的差異。我有足夠的能力轉換態度，讓自己自該處境中抽離，以檢視自我感覺。這是採取積極的心態，將壞焦慮變成好焦慮的開始。

　　利用積極的心態來重新評估情勢，你就可以將原本對事情的態度，改為有生產力的態度。最近的神經科學研究，持續深入探究和評估大腦基礎，有助於我們了解這個有趣的主題。舉例而言，史丹佛大學的一項研究顯示，學齡兒童對數學表現的態度若較正面，不只和他們的數學成績較好有關，在解題時，他們的海馬迴活動力也較高。**換句話說，正面、「我辦得到」的態度，讓我們在情緒和認知上的表現會更好**。另一方面，有一些其他研究顯示，憂鬱、焦慮和負面態度，會導致較差的表現。雖然相關性不一定有因果關係，但其中一個解讀是，對數學抱持正面的態度，有助於提高數學成績（以及更強的海馬迴活動）。

威廉‧康寧漢（William Cunningham）與同僚的研究顯示，我們有能力改變態度，積極的心態就是要我們改變態度，對事情重新評價。康寧漢稱這個過程為「重複加工模式」（iterative reprocessing，IR）。這個模式的意思就是，我們總是在利用新的資訊來重新評估，或是改變對於特定主題的態度。例如，藍斯‧阿姆斯壯（Lance Armstrong，美國前職業公路自由車賽車手）在治癒癌症後，捐了很多錢幫助和他一樣的癌症復原者，並給了他們很多希望，所以他是英雄嗎？或者他是用禁藥來增強體能的大壞蛋？這些評估都是根據現有的資訊或架構而來的（癌症 vs. 服用禁藥）。我們的態度是由眼眶額葉皮質（orbitofrontal cortex）中央區的網絡所處理，這些態度會對行為帶來正面或負面的效果，而我們完全有能力決定這些態度的影響力。

「負面比較效應」的力量

李奧‧克雷斯皮（Leo Crespi）在一九四二年首先發現負面比較效應，**心理學家用這個現象來描述「和非常不好的東西比較時，可以使另一個東西看起來更有吸引力」**。以下的例子就是負面比較效應在生活中的影響，而且發生在我的

生活中。

　　這是當我還是研究所學生時，在加州大學爾灣分校（UC Irvine）第一次發表「真正的」科學報告時發生的事。我練習了無數次，以確保完全熟悉報告，但還是很緊張。我的手心流汗，覺得心跳加速。我的腦袋不停地浮現各種上台時摔倒和忘詞的畫面。在我之前上台的學生，顯然並沒有事先練習過。那個可憐的傢伙介紹投影片時說得支支吾吾，笨拙地完成整個報告；包括我在內所有人都希望他快點結束，他說得很辛苦，我們也聽得很痛苦。但是，看著他笨拙的報告過程也讓我了解到，我做的準備比自己想的還要周全；我已經反覆讀過投影片；我練習了要說的話。我發現其實報告的標準，比我原本想像的還要低。接著換我上台了。比起剛才那個可憐的傢伙，我的報告簡直是當天最精彩的。我第一次做科學報告就得到很多正面的意見回應。這次的經驗甚至開始為我建立起新的心態，也就是：我的演說能力很棒。

　　這就是負面比較的成果：幫助你覺得事情其實好得多，讓你開始看到好的一面。與其只看最好的一面，然後擔心自己永遠也辦不到，負面比較會讓你想像最糟的情況，然後了解，其實情況沒那麼糟。沒錯，我事先花了很多時間和精力以確保自己做好準備，這一點非常重要，但是那次的負

面比較經驗，加上我後來得到的正面意見回應，確立了「我的演說力還不錯」的信念，直到今日。你可以把這當成「最糟的情況」來訓練，重新評估原本看來很糟的情況，因為這不是最糟的情況。

前文的傑瑞德也受惠於差異極大的負面比較效應。因為他所處的兩個環境有天壤之別（母親家的地下室 vs. 哥斯大黎加的偏鄉），讓傑瑞德想起他之前的感覺有多糟，以及此時的感覺有多好。睡眠不足造成的不安和焦躁，還有長期對於無法決定的不安感，都在提醒著他有多麼焦慮；雖然哥斯大黎加的生活為他帶來各種新的挑戰，但他把這些挑戰視為刺激的事，因為比起他之前的生活，此時的生活改善得太多了。

這些鮮明的記憶形成了他內在的比較標準，讓他得到負面比較效應。他非常清楚他教的孩子們和家長，都給予他不少正面意見回應，而且這些事逼著他走出舒適圈、帶來很棒的感覺，他也都注意到了。這些都讓他覺得更信任自己，並對接受新挑戰更有信心。

這就是令他改變心態的認知和動力，而且不是短暫，是永遠地改變了他。

安妮的故事：如何培養積極的心態？

安妮已經七十八歲了，但她感覺自己還很年輕。在加州出生長大的她，一年到頭都在打網球、游泳、做瑜伽，且她在不動產界也很活躍。她一週有三到四天的晚上會外出，不論是和朋友一起吃晚餐、去圖書館聽有趣的演講，或是去看電影、舞台劇。她一直都喜歡保持活躍，享受活動讓她覺得健康、有活力、「在顛峰狀態」。但現在情況變了；她經常易怒，以前很輕鬆就能辦到的事，現在卻很吃力，最糟的是，她覺得對這個情況束手無策。即使兩個很愛她的女兒想要照顧她，她也不領情，並且怨恨她們干預她的生活。女兒們想說服母親別做這麼多事，她應該放慢腳步。

安妮堅稱：「我一直都是這樣。我就是這樣。」但是夜深人靜時，她知道並非如此。最近她發現自己心不甘情不願地出門；她埋怨朋友的邀請、害怕行事曆上的活動。安妮還是相信這些活動對她來說是好事——她這幾十年來就是用這樣的心態生活。她必須活動才能管理好焦慮。是的，她承認身體和大腦因為老化而慢了下來，但如果她就這麼放棄了，並開始改變這些依賴的習慣，就會引發一連串的問題。事實上，她很害怕不活動。

從外人的角度很容易看得出來，安妮需要放慢腳步，包括多休息、用慢動作且輕鬆的運動來平衡身體，及不要逼自己常在晚上外出。但令她無法改變的是，她相信這些活動顯示她的為人。如果她不動了，會不會就這麼倒了？所以她一直撐下去，害怕任何改變。

運動、忙碌的社交生活和需要專注的工作……，她一直都仰賴這些事，讓她覺得人生充滿意義、生活有重心。在她維持忙碌的那幾年，從沒想過這是緩和焦慮的方式。但現在活動量變少了，她開始感到焦慮，彷彿快要失去人生的控制權。這些年來，忙碌一直幫助她減輕焦慮、緩衝壓力。現在她必須放慢腳步，仔細看看這些變化究竟在告訴自己什麼：「她變得更焦慮了。」

安妮和我們許多人一樣，不想承認自己的焦慮感。她對自己的看法就是，她的身心健康且平衡。但是當安妮得了一般肺炎，她才終於被迫慢下腳步。沒錯，她感覺很不好，根本沒有力氣下床，而且她只想要好好睡上兩個星期。但是這次因為生病被迫慢下來，也讓她看到一線曙光：這迫使安妮承認她感覺很虛弱，已經焦慮一段時間了。

對安妮來說，焦慮爆增是個警訊，該做些轉變了。她討厭筋疲力盡的感覺，她改變主意，認為女兒們也許說對了；

以前能讓她感覺好的事，現在已經沒有用了。她決定嘗試放慢腳步。生病給她很好的藉口，她覺得好好養病、更深層的睡眠，讓自己每天都感覺好一點。她也決定等痊癒後，改變原先的舊習慣，並開始找出適合自己的睡眠時間。她發現，不需要常和朋友出去、聽演講、用餐和出席晚會，讓自己感覺鬆了一口氣。她和這些活動保持距離，給自己時間重新評估，在情況改變前她是為了活動而活動，還是因為這些活動對她來說「很重要」。她允許自己承認，休息的感覺很好、很健康。她決定不要馬上恢復忙碌的社交行程，要選擇真正想出席的活動，這樣就能自動減少行事曆上的事項。後來，她開始想要恢復原本的行程，並且相信這是個好跡象，但她也決定這個策略是實驗性而非強制性。她要慢慢恢復打網球，一次一點慢慢來，由身體決定「每週的打網球次數」。

在這個故事中，安妮被迫重新學習重要的一課：**人類是不斷在改變的動物，所以需要跟著身體的改變加以調整，才能適應改變**。固執地堅持舊有模式，只是因為她一直以來都是這麼做的，只會對安妮造成傷害，但是恐懼令她無法花時間重新評估，並且擬定新的計畫。當她發現積極心態背後的核心概念：「當你相信自己有能力適應，你就會在適應時覺得自己活得更好。」女兒們不敢相信母親的轉變。安妮一

直都是很活躍的人，但是她現在更深入了解自己、樂觀，並且相信自己還是有學習的能力，有信心能過更好的生活──尤其是她已經七十八歲了。

的確，改變安妮的這份能力有另一個優勢，我稱之為「自我實驗的力量」。她發現當傾聽身體的聲音，並嘗試不同的事物以找到最佳的反應時，她不只會知道身體需要什麼，還會感覺更能掌控健康。結果，這樣的發現可能是給自己最好的禮物：「誰說老狗學不會新把戲？」

不要預設立場，方法也需要改變

有時候，我們直覺用來應對壓力的方式，反而能讓自己看清楚該方式的成效。一定要記住，應對壓力的方式如果只是掩蓋問題，沒有真正設法看清問題，並不是健康的應對法。**隨著自己與環境的改變，面對壓力的方式也要隨時調整**。若要運用積極的心態，你必須有目標而且態度正面。你也需要知道觸發焦慮的來源，及後續負面的感覺。

我們就再以前文故事中的萊莎為例。你可能還記得，她每天上班前都會跑步、拚命工作，最後倒在沙發上，身邊還有一個空的酒瓶。狀況好的時候，這樣的一天還不算糟。但

是長期下來，這些應對機制已不再有用。的確，她好像遇到了瓶頸，她的直覺策略開始干擾生活。她覺得自己很失敗。而且她在公司得到的意見全都是負面的，包括：「妳害所有人情緒低落」、「控制狂」及「對身邊的一切都很嚴厲」。

　　萊莎幾乎認不出自己了。她知道自己感覺不好，但也不知道為什麼，且她擔心如果仔細研究問題，她的世界就會瓦解，不可能重新建立起來。她會在半夜醒來，想著一大堆的「萬一」——都是工作上所有可能出錯的事。她對同事的態度有點偏執，想像著不同的人想挑戰她的角色、搶走她負責的專案。若想擺脫這些揮之不去的想法，唯一的辦法就是回家喝酒。兩、三個小時內，酒精會消除她在工作上所有的自我懷疑及對未來的擔憂。她彷彿按下「靜音」鈕，不去聽這些問題的聲音。

　　在她心跳加速、流汗時，她會問自己：「我的自信怎麼不見了？我怎麼會變成如此難搞的臭婆娘？」她的易怒及難以控制的脾氣，顯然是個信號，告訴她情況正在改變。

　　為了導正自己的情況，她必須先承認之前的方法已經無法減輕焦慮；她必須承認自己得少喝一點或完全戒酒。然後她開始尋求協助，以幫助了解焦慮的成因，以及焦慮何時開始嚴重到令她無法承受。最後，當萊莎晚上不再喝酒時，

睡眠品質就改善了。這是關鍵的第一步，因為這麼做能讓她的神經系統平靜下來，找到更多平衡。當萊莎的狀態較穩定時，她就能考慮需要重新評估環境中的哪些焦慮源。她知道自己在工作上的表現不佳。萊莎最想要的是工作帶來的刺激、熱愛工作的興奮感，並且激勵自己的身體。和效能佳的團隊一起工作，會讓她感到興奮。所以她請老闆給予自己新專案、一組新的人手，這樣她就能重新開始工作。

萊莎也學著尋求專業教練的協助，這些改變重新提升了她對工作的興趣和動力。教練幫助萊莎發現，「重新調整心態」可以完全改變工作表現。舉例來說，萊莎發現，她並非一直都對自己這麼嚴厲，且負面的自我談話加劇了她對工作的挫折感和恐懼。「心態的轉變」能讓她用更溫和的態度來看待工作表現和目標。更好的是，這個新的態度也感染了和她一起工作的人。她學會如何轉為更開放的心態，她不再覺得一定要控制工作中的所有事，才不會被認為沒有價值。她不一定非要控制所有事，她也可以學著放輕鬆和傾聽別人的話。

我們對生活的展望及態度，對身心健康和幸福來說，非常重要。在你考慮改變對待自己和生活的態度時，可以嘗試以下幾個做法。讓自己如同科學家般試驗，不要預設立

場。相信當你採取樂觀的立場時，感覺會更好，也能提升生活品質。重點是，萊莎因此建立「積極的心態」。

做法① 換個角度看事情

我在寫這一章時問過自己這個問題：「有沒有可能過度調整呢？」

因為我想到我的朋友席琳，她是一位才華洋溢的記者、作家和創業者，她曾經告訴我，她這輩子寫的文章從來沒有被退稿過。

「哇！」我半開玩笑地說：「我知道很多哈佛人都很聰明，但沒想到你們竟然有這種超能力！」

她馬上解釋說，她從來沒有被退稿，因為每一次投稿的結果都是下一步好的開始。她的意思是，她可能會和編輯建立起更好的關係、獲得有用的意見回應（有用的意見包括「親愛的席琳，妳的文章真是狗屁不通。祝好，編輯敬上」），不然就是發現文章可以有新方向。她把每一次的結果視為「勝利」而不是拒絕。

這種「換個角度看事情」的態度，還真是強大啊！但這讓我問自己：「是否會有過度調整這回事？」過度調整會不會變成「欺騙自己」，導致親友必須站出來干預你？我之

所以問自己這個問題，是因為我相信從失敗中學到的東西，比從人人欽羨的成功中，所學到的東西更多。當然，成功的感覺比失敗好太多了，但是成功只是讓你得到一樣的資料：這麼做是有用的。身為科學家、需要申請研究補助者、收費演講者，現在還多了創業者的身分，我超愛成功的時刻──但我知道失敗讓我學習。

「調整觀點」是從有生產力的角度來檢視失敗，而不是把失敗徹底抹去，結果沒學到教訓。後來我認為，成功就是成功，失敗就是失敗──不論是哪一種，都反映出我的工作成果，而非個人價值。雖然我允許自己去感受失敗、被拒絕，或談判失利所造成的痛苦，但我會專注於失敗教會我的事：「我學到了什麼？我該如何調整現在的計畫，或是修改目標？」這樣一來，我就能把負面的體驗變成學習的工具，但仍允許自己感受所有的情緒。

做法② 帶著積極的心態，加速前進

「積極的心態」並非是只有少數幸運兒才有的祕密天賦。這是一種經長時間練習所學會的才能，就像我們生活中的許多習慣一樣，練習得愈多，這個能力就會愈強，愈會變成自動的反應。焦慮的人可以藉由練習，發展出這種超能

力。為什麼呢？因為當你發現情況不對勁時，才會開始重新評估，而焦慮會精確指出「到底是什麼事情不對勁」。

我一直以來的焦慮來源，是害怕被人看到真實的內心。我覺得如果被人知道自己的缺點、不安全感或負面的事，我就不會被人接受，甚至不會成功。這個恐懼很難根除，因為這就是我對自己的看法；如果我顯露出任何的裂縫，整個房子就會崩塌。但我並不會承認這個恐懼，而是逃避——這是標準的逃避行為。我會怎麼逃避呢？我會告訴自己那句老話：「弄假直到成真。」只要我夠相信，就假裝到成功為止。問題在於，我太會掩飾自己的挫折感、憤怒和不同意，而不是專注於清楚而真誠地溝通這些感覺。我真正的恐懼是沒有人想認識「真正的我」，包括那些真實生活中的挫折、憤怒、抱怨和缺點。

我也發現，我的壞焦慮有一部分來自於「不允許自己表達任何負面情緒」，而是將這些積壓下來，或只有在非常少數的情況下，才會釋放出情緒。我必須知道我對自己這麼做，不是因為表達負面情緒會有什麼後果。我花了一點時間才承認，不讓自己在公開場合表達負面情緒，是不健康的行為。我的意思不是說可以亂發脾氣，而是當事情出了差錯，或同事的行為很過分時，可以表達正常的不滿——我當然有

權生氣和感到挫折。承認我有時候生同事的氣，或甚至生我媽媽的氣，這麼做是邁出一大步，朝向接受完整的我，甚至是接受我的焦慮。這也讓我看到，這些負面情緒並不是缺點，而是在給我資訊，讓我知道該留心人際關係和處境。我花了好一段時間才了解，我有多壓抑這些負面的情緒，並且因此壓抑了自我。但我現在對情緒有更健全的心態，知道該如何表達，因此知道該如何向別人表現真正的我。

我現在把對自己的了解，視為一種超能力。**焦慮是最好的動力，讓你知道該做哪些事**。這是一條道路，讓你能轉變及實現最好的自己。

焦慮會不斷給我們各種理由，以運用積極的心態。當我們給自己空間，以觀察負面的感受、恐懼、不安全感，其實就是在找出「加強自我」的辦法。運用積極的心態來檢視焦慮，以提升個人技能，會讓你得到這種超能力。請回想一下本章的幾個故事。安妮的焦慮是在告訴她，需要重新檢視行程，一味忽略焦慮最後就是導致生病。當她被迫放慢腳步時，才能利用積極的心態，看待自己對社交和體能活動的忍受度正在改變。生病後的她必須將這樣的心態重新聚焦在當下，並且了解十年前對她來說有用的辦法，現在已經沒有用了。她發展出真正的積極心態，只要她想要，就可以隨時運

用這種超能力。

　　傑瑞德在和負面情緒保持距離後，學會重新看待對自己的觀點。萊莎也需要允許自己直視焦慮的來源，然後才能解決問題。當她解決問題的根源，就能達到更深層的滿足感。我們經常讓恐懼掩蓋了焦慮傳來的微妙訊息。**但如果你能花點時間，看看焦慮想讓你知道的事，就是在給自己機會，建立積極的心態，創造屬於自己、不需要隱瞞世人的超能力。**

Chapter

7

提升你的專注力和生產力

　　焦慮和注意力之間的關係，就如同重要的人際關係般，非常複雜。壞焦慮就像狡猾的野獸，會搶走注意力、令人分心，使我們無法把工作完成。我們會被一大堆討厭的「萬一」煩擾，導致夜不成眠，被拖進不明的深淵中。

　　萬一沒有加薪怎麼辦？萬一他／她／他們不喜歡我怎麼辦？萬一繳不出房租怎麼辦？萬一沒辦法搞定下一筆交易怎麼辦？萬一孩子進不了夢想的學校，怎麼辦？萬一有人生病了怎麼辦？這些「萬一」多得說不完。但是這些萬一（也就是我們擔心的事）一定是壞事嗎？一定是焦慮不好的一面嗎？是，也不是。

　　科學已經證明，壞焦慮會打斷注意力（接下來的內容會提到），導致我們分心、無法專注在任務上。然而研究也

顯示，高度焦慮的人（例如有廣泛性焦慮症者）通常會出現高度專注的情況。因為高度焦慮可能來自於「過於敏感的威脅反應」，人們會過於警覺、非常專注於危險——不論是真的危險還是想像出來的危險。這種高度專注會延伸到生活中的所有面向。例如，研究員最近邀請被臨床診斷出患有廣泛性焦慮症的人，以及未經臨床證實有焦慮症的人，共同進行一項注意力試驗，以衡量三種注意力網絡（警覺性、導向性、執行功能網絡；詳細資訊請參閱頁 168）。

　　每一組都要在高認知負荷（一種認知「壓力」，例如從一百開始倒數，每一次都要減三），或低認知負荷（從一百開始正常倒數）的情況下執行任務。他們發現有廣泛性焦慮症且從事高認知負荷任務的人，焦慮能幫助當事人更專注。但一般而言，如果認知負荷過高，注意力就會比較不集中。

　　注意力、思考和情緒之間的互動，就是我們所稱的執行功能。我們需要這些技巧來幫助大腦管理資訊，以便在日常生活的壓力下完成工作。但是相反的情況也成立，**當焦慮的人沒有事情要處理時（也就是認知負荷低、沒有壓力、沒有刺激時），他們就會比較容易擔心自己的事，因此更容易分心。**

　　每個人的好焦慮都有一個理想的狀態，即腦－身體系

統處於專注、警覺、壓力正好的環境中，以便注意力達到最集中，能專注於我們想做的事。在這個狀態中，我們可以專心在任務上，在期限前完成目標，最終變得更有生產力。然而，過多的焦慮會讓我們變得脆弱：一方面可能會分心；另一方面可能會變得過於專注在威脅上，而失去了評估威脅的能力（即不知道這是否值得花時間，還是只是自己的想像，不值得擔心）。我們的挑戰變成了「學習如何專注在目標上」，並且抗拒分心或沒有幫助的過度專注。的確，這就像在「走鋼索」一樣，愈練習會愈好。那麼，這對於我們想要將焦慮轉為助力，又代表著什麼意義呢？**我們必須學習「打造萬一清單」。**

　　好消息是，你可以學著轉變不安的感覺，這不只是控制專注力，還可以改善生產力。這就是轉移焦慮的一種形式。此外，不論生活如何天翻地覆，或是壞焦慮大爆發，許多強化和支持專注力、生產力的策略，都可以用於翻轉焦慮，把壞焦慮變成好焦慮，創造正面的腦－身體回應迴路，持續給你正面的意見回應。該怎麼做呢？注意力的主要功能包括依賴執行控制，你可能還記得，執行控制在調節情緒時扮演重要的角色——這是讓焦慮緩和下來的重要步驟。我們就一起來仔細看看內在的神經生理學。

大腦執行功能及注意力系統的基本概念

廣泛來說，大腦執行功能包括注意力系統，而且可以分為三個不同的區域：

① **抑制，或稱為抑制控制**（inhibitory control）

是較基本的執行功能，與我們管理注意力和核心情緒有關。基本上這就是在行動前思考的能力。這個能力會讓你抑制說或做某些事的衝動，讓你有時間評估情勢及行為可能帶來的影響。抑制控制也可以讓你的注意力持續，也就是維持對情勢或任務的注意力，而不受疲勞、無聊或分心影響。如果你的這項功能成熟，就能耐心排隊等待，而不會因為有人插隊而暴怒。抑制控制不佳的幼兒，就會在老師離開教室時，再拿一塊棉花糖。以青少年來說，大腦中的該區域若不成熟，可能無法管理憤怒的情緒，甚至可能因為一點點小事就暴力相向。**長期焦慮可能使抑制控制的能力惡化，使一個人更難以「由上而下」的方式控制強烈情緒。**

② 工作記憶（working memory）

像是一種記憶雲端，它就在你的身邊，當你有需要時就可以取得資訊。以成年人來說，當我們同時安排日程、專注於任務、把工作完成，就是工作記憶發揮的時候。它包含擷取過去的學習或經驗，以應用至當下或投射到未來的情境中。工作記憶不同於短期記憶（short-term memory），工作記憶是指在腦中留住某個資訊，同時執行複雜的任務。不要把工作記憶和依賴海馬迴的長期記憶搞混了，但工作記憶也很重要。了解工作記憶最好的方式就是，在你打算做下一步時，它是用來存放相關資訊的記憶體。舉例來說，在備受歡迎的電視影集《后翼棄兵》（The Queen's Gambit）中，主角是位名叫貝絲‧哈蒙的西洋棋天才，她經常會在天花板上想像棋局，在行動前研究她的選擇。這種在選擇下一步時把棋盤「在腦海裡」展開的能力，就是非常好（而且非常進階）的工作記憶案例。雖然大部分的人無法像貝絲‧哈蒙一樣，在打算下一步時還能牢記三十二個棋子走過的路，但我們依然有能力記得，像是剛才聊天才認識的人的名字，這也是一個工作記憶的例子。

焦慮可能會干擾、削弱工作記憶的能力。我們都

曾經歷過在壓力下，或是害怕忘記自己要說的話，或是怎樣也想不起來某個人的名字。名字不是從腦海裡消失了，但我們的工作記憶在當下就是失去找回這個記憶的能力。

③ **認知彈性**（Cognitive flexibility，**隨機應變的能力**）

　　基本上來說，認知彈性就是當目標或情況改變時，我們從一個任務換到另一個任務的能力。從更概念性的角度來說，這是指在面臨阻礙、挫折、新的資訊或錯誤時，修正計畫的能力。這就是隨機應變的概念，我們有彈性可以適應改變中的情況。的確，這是心智也是情緒的能力。在有關焦慮與認知彈性間的研究中，科學家觀察到高度焦慮者，會如何缺乏認知彈性。但是，人們對待焦慮的反應是可以改變的，我們可以轉換任務並改變環境。記得我之前描述過調整或重新評估情況嗎？把錯誤或失敗當成資訊，而不是代表自己的能力。這種改變心態的能力就是認知彈性。執行功能是由位於前額葉皮質（就是額頭正後方，但也包括更廣的腦區，其中有一些如右頁圖中所示）中的許多腦區來執行。

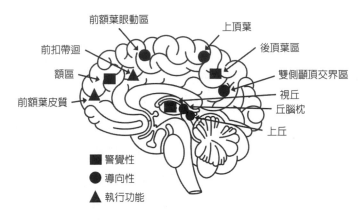

圖 5　腦部注意力的結構圖

前額葉皮質受損（圖中的左側）會發生嚴重的注意力障礙，但是專注和保持注意力需要更廣泛的大腦結構網絡。取自彼得森與波瑟（Petersen and Poser）的研究。

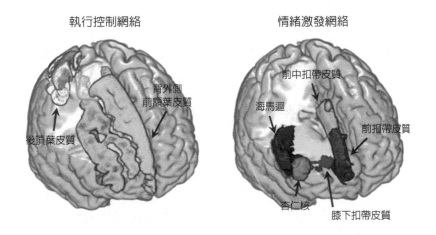

以前我們認為高度焦慮者只是因為執行控制能力受損，以致無法調節情緒。但是最近的研究已經稍修正了我們對焦慮如何影響注意力的理解，尤其是執行控制方面。

大腦注意力系統通常定義為包含三個獨立但相關的系統，對應於幾個區域：① **警覺系統**：幫助我們維持適當的注意力在環境中的刺激上，不論是視覺上或是情緒上的刺激，及其潛在的危險（我們天生的威脅反應）；② **導向性系統**：負責選擇要注意哪些刺激。換句話說，導向性系統會處理資訊並決定什麼東西重要、什麼不重要；③ **執行控制網絡**：是複雜的互動系統，負責對任何情況進行由上而下的控制。該系統會影響我們處理焦慮的方式。

執行功能是注意力、思考和情緒的心智能力，這是「由上而下」的大腦系統或網絡，是我們控制和引導焦慮等情緒的方式之一。我們利用執行功能來完成工作，有組織、專注於任務，並且管理情緒的起伏。**如果這個系統有太多的壓力來源（太多期限、太少休息），我們管理這些功能的能力就會下降。**科學家稱這個執行功能為「費力的過程」——這個程序不會自動發生；是需要刻意、有意識的思想。我們需要一些東西來激發它（也就是好焦慮），才能啟動這個能力；但是太多的情緒激發或刺激，也會使這個能力停止。

凱莉的故事：為什麼你可能無法「一心多用」？

　　凱莉是個典型的十五歲少女，智慧型手機從不離身。她用手機傳訊息給好友、關注其他朋友、打手遊、查看APP，有時還會看看電子郵件，確認老師有沒有指派作業。她一直都是個很活躍的孩子，每天放學後會踢足球兩小時，晚上睡得很安穩（她母親特別注意，凱莉每天晚上是否有睡足八到九小時），而且她似乎調適得很好——但是她現在愈來愈焦慮。

　　她也開始失眠，而且她也注意到成績變差了，讓她對自己的感覺更糟。她和以前一樣認真讀書，也會和老師討論哪些地方可以改善。母親發現她成績變差最可能的原因：同時做很多事。凱莉堅持聽音樂或是偶爾休息用手機「網購」，可以讓自己更專注。「這樣能幫助我放輕鬆」她解釋。但是母親調查過，她發現青少年的大腦處於改變的時期，而且可塑性會提升。事實上，青少年的大腦非常活躍，這些變化不只是神經元增加（神經生成），也會減少。

　　在童年初期，腦部會不斷製造新的神經元和突觸。到了青少年時期，就會開始修剪——這就是大腦開始內部整理，去除一些沒有使用的突觸，以變得更有效率。這種突觸

修剪主要是位於前額葉皮質和鄰近的頂葉，這些區域對於包括「決策」在內的執行功能非常重要。這個程序發生時，會有許多未使用、多餘的突觸到處移動。這就說明了為什麼青少年通常會做出不理性的決定，或是做出不當的判斷，因為他們的執行系統過多且混亂。

　　凱莉的刺激增加了，她不斷地傳簡訊、和朋友視訊、一直看社交網路的訊息。因為她在增加執行功能的要求。換句話說，她的腦部趕不上這麼多的刺激，和同時發生的內部變化，所以她變得更焦慮了。「焦慮」增加就是她失去平衡的訊號。

　　是永不停止的過度刺激導致焦慮，還是因為過度刺激，使焦慮變得更明顯、強烈？這就像先有雞還是先有蛋的問題，兩種說法都正確。但是結果都是一樣的：她無法專心、生產力下降，而且覺得愈來愈難放鬆。從凱莉母親的角度來看，原本情緒穩定的女兒，現在似乎無法控制自己的網路生活、學校、運動和情緒。在我看來，凱莉的焦慮升高、執行功能減弱。

　　很有可能再過幾年後，當突觸修剪階段結束，凱莉就能更有效率地同時做很多事。但是，現在她最好放下這些令她分心的事，感覺才會好一點，才能更有效地集中注意力，讓

課業回到正軌。當母親堅持她在寫作業時，必須把手機放在其他房間，並且限制她上網，凱莉的情緒就開始轉變了。連凱莉也承認，手機不在身邊讓她對學業感覺比較有信心，也比較沒那麼焦慮。後來她的成績回升，她和母親都不意外。

如果我們用功能性磁振造影（functional magnetic resonance imaging，fMRI）來看她的腦部，很可能就會看到她的注意力網絡被手機，或別的會令她分心的事給劫持了。她的注意力轉移足以打斷這個迴路，然後引發焦慮的感覺。

凱莉的故事顯示，我們的注意力系統很容易會被外力影響。這也顯示讓執行功能分心或受干擾，會觸發焦慮或使焦慮惡化。以凱莉的情況來說，她和母親找到簡單、暫時性的解決之道。重要的是，接下來要繼續注意對凱莉來說，最有效管理焦慮的辦法，要了解哪些事物會使她分心，並加重其知識負荷、破壞平衡。

當焦慮增加且開始令我們的腦－身體系統負荷過重，陷入壞焦慮模式時，外在的干預並且重新調整平衡可能會比較複雜。以凱莉的情況來說，她並沒有受到長期的影響，所以調整方式很簡單：把令她分心的科技產品拿走，就能恢復專注、焦慮就減輕了。但是在這個不斷使用科技產品的年代，我們和科技的關係，以及對科技的依賴，很可能會更

深、更不良。這不只會造成分心和執行功能上的問題（喪失抑制控制，並且對工作記憶造成壓力），還會深入其他神經路徑，包括與獎勵有關的路徑，結果造成上癮。（我稍後會進一步說明，有關物質、其他獎勵和自我安慰的成癮性關係，會有更嚴重的後果。）

然而研究顯示，不論你幾歲，同時做多件事會讓你的工作記憶、專注度和深度思考的能力受限。你是否曾經邊開車邊聊天，結果忽然發現迷路了，或是下錯交流道？或是曾在電話會議中看電子郵件？我們以為能同時處理兩件事，但其實不能。心理學和神經科學都證實了一件事：同時做多件事可能會讓執行功能的認知負荷過重，導致引發焦慮或使焦慮惡化。但另一方面則是，**有時候主動注意令我們分心的事、讓注意力集中，如此一來，當你在充滿挑戰的情況下，可提升生產力，還能減輕壞焦慮。**

但我們也知道，焦慮很棘手。處理焦慮時，並不在乎缺乏注意力；相反地，焦慮也可能令我們專注於忘不了的「萬一」。

蓋兒的故事：學習用新方法來訓練專注

　　蓋兒年約五十，在三個孩子長大成人後，她最近又重新回到職場。當她的三個子女都搬出去上大學、發展自己的事業後，她決定回去工作。她在一間忙碌的牙醫診所擔任辦公室經理的工作。最初的一、兩年，她很期待工作、見到同事和領薪水。她很高興自己開始工作，這樣先生就可以減少工作時數。的確，她的目標之一就是把賺的錢存起來，這樣他們就可以常常陪伴彼此，也更常一起旅行。

　　但後來情況開始變了。她先生朗恩以前都形容她像活力十足的電池兔子一樣，每天一大早就起床散步、照顧孩子、煮三餐、擔任志工、和別人共乘、參與教會活動，你想得到的事，她都能輕鬆辦到。當她回到職場時，依然非常有效率和生產力。但她開始慢慢、穩定地失去活力。蓋兒開始失眠，整晚睡不著。她的焦慮開始升高而且令她煩心。「我好情緒化，」她這樣描述，「而且我的焦慮根本破表了。我已經覺得自己不再像自己了。」她變得更容易疲勞，覺得一直流失生命力。

　　「感覺好像有一頭十噸重的大象坐在我的胸口，我被壓扁，無法動彈。」她如此形容。

　　蓋兒可以接受疲勞，甚至是情緒化。但是當她開始覺得上班無法專心時，她再也受不了。醫師告訴她，焦慮和失眠是停經常見的副作用。蓋兒並不意外，她上一次經期來潮已經是將近兩年前的事了。醫師說，雌激素下降和整體認知功能降低之間是有關聯的，這通常顯示為無法專心。蓋兒的雌激素太低，醫師建議她可以服用生物等同性荷爾蒙補充品（hormone replacement therapy，HRT），以減輕症狀。因為她沒有乳癌家族病史，而且最近所有關於荷爾蒙補充品的研究都顯示，沒有不良副作用，只有好處，包括防止心臟病和減緩老化，所以她覺得沒什麼好損失的。她尤其想嘗試荷爾蒙補充品，因為按照醫師的說法，似乎能讓她睡得更好、焦慮會減輕或完全消失，並恢復活力。

　　焦慮是「缺乏雌激素」常見的副作用嗎？是的。停經就是女性的主要荷爾蒙雌激素，其生產量減少或缺乏。雌激素減少和焦慮升高、失眠以及整體活力降低有關。許多女性也形容她們易分心、注意力渙散、無法專注，就像蓋兒一樣。而雌激素補充品的確可以改善注意力分散的情況。

　　蓋兒開始服用雌激素補充品後，的確覺得好多了，但是她仍感覺只找回七五％的專注力。蓋兒的轉折點是，當她讀到一篇關於訓練注意力的文章，其列出的項目中，有三項

具備顯著的科學根據，包括冥想、認知訓練和運動。她決定把這三項都加入日常活動清單中，因為她不想只是恢復到原有的專注力；她想了解是否能改善日常的專注力。

蓋兒要做的第一件事是什麼？她開始固定冥想，因為根據她對冥想的所知，這麼做很合理。

冥想的力量

清楚、完整的科學證據指出，冥想可以改善過度專注以及零散的注意力。神經科學家一直在研究冥想對腦部，尤其是對注意歷程（attention processes）的影響。李察·大衛森博士（Dr. Richard Davidson）與同僚的研究，他們觀察三種不同的冥想類型，包括：聚焦專注（focused attention），冥想者專注於呼吸（吐納）以集中注意力，不要讓心思游移；開放覺察冥想（open-monitoring meditation），冥想者注意，並且對身邊所有的感官刺激保持開放態度；以及第三種慈悲觀冥想（compassion and loving-kindness meditation），冥想者將慈愛、憐憫的思想導向至其他人，甚至是整個宇宙。這三種冥想會影響腦部不同的區域。舉例來說，慈悲觀冥想會啟動雙側顳頂交界區

（大腦顳葉和頂葉的交界部分），會產生同理心（也就是從別人的觀點來看事情）。開放覺察冥想會影響杏仁核和邊緣系統的其他區域，並且顯示焦慮和憤怒、恐懼感都減少了。聚焦專注冥想會影響前扣帶迴皮質，這和自我調節和錯誤偵測有關；研究顯示，聚焦冥想可以提升我們的能力，尋找定義明確問題的正確答案。這些都顯示冥想能減輕焦慮，並有改善情緒調節的能力。

重要的發現顯示，**正念冥想、綜合身心訓練，例如瑜伽或太極，以及光是接觸大自然，就可以改善注意力和情緒調節**。舉例來說，一項研究顯示，密集進行三個月的冥想訓練，可以改善健康成年人以注意力為主的視覺偵測任務。另一項研究則顯示，大學生連續五天、每天二十分鐘進行綜合身心訓練（這是取自傳統中醫正念冥想的做法），能改善他們在抑制控制任務時的表現，這個任務稱為「艾瑞克森旁側干擾作業」（Eriksen flanker task）。

這個實驗要求你專注看著一個字母，旁邊有各種令人分心的畫面。還記得嗎？本章一開始描述的三種核心執行功能中，抑制控制就是其中一種。而實驗中的控制組，會花同樣的時間做放鬆的訓練。接受冥想練習的學生都說焦慮、憂鬱、憤怒和疲勞的程度降低，而且活力增加，測量皮質醇含

量顯示，壓力也減輕了。這項研究顯示，這種身心訓練幫助人們發展出放鬆的警覺性（restful alertness），能讓人的警覺性升高，進而改善行為。最好的是，現在有很多冥想的APP，都可以幫助新手冥想者立即開始練習。

根據我們對專家和新手冥想者的研究發現，冥想會對腦部產生影響。的確，專業冥想者的腦部注意力網絡，比新手冥想者的更為活躍。我們也發現（也許這個發現並不意外），專業冥想者在冥想時，比新手冥想者不容易分心。在冥想者的注意力相關腦區內，也可以看出這樣的生理結構差異，有些研究顯示，**只要進行八週的冥想訓練，就能看到這些結構性的差異**。這顯示我們不需要跑到深山與世隔絕，進行幾個月安靜的冥想，就能看到這樣的效果。只要進行八週的冥想練習，就可以讓新手冥想者的腦部產生更多變化，以改善注意力網絡。這些都是蓋兒在進行個人冥想訓練後，很可能得到的改變。

運動能改變大腦，提升表現

我非常相信「運動」能改變大腦。我的研究顯示，體能活動會改善注意力並減緩焦慮。即使只是運動一次，也

能提升注意力。斯特魯普測驗（Stroop task）是所有心理學學生都知道的一個任務，受試者要說出單字印在紙張上的顏色。但是有個陷阱，那就是所有的單字都是顏色單字（也就是紅、綠、黃等顏色）。當這個字（例如紅色，RED）與印在紙張上的顏色一致（以紅色墨水印出），我們就可以很快說出這個字的顏色。但如果這個字（例如黃色，YELLOW）是用綠色墨水印出，我們就要花多一點時間才會說出「綠色」。忽略文字本身並專注在文字的色彩，這個稱為「選擇性注意力」，有賴於前額葉皮質的運作。在一次運動後，這個任務的表現就會提升，而長期的運動則會延續表現的時間，變得更好、更長。

有固定運動習慣的人就知道，運動後不只心情改善、活力提升，還會覺得更專注。我知道運動後（我現在都只在早上運動），我的寫作和處理待辦事項時的專注力會達到最佳狀態。而且我在晨間運動過後，開始深入處理手邊的工作時，也覺得狀態更好。

運動可以改善許多大腦功能。定期做有氧運動和冥想一樣，都對改善焦慮和憂鬱有非常正面的成效，有一項研究顯示，運動效果和治療重度憂鬱症中最受歡迎的藥物相比，成效一樣好。**運動已被證實可以減輕焦慮，並且強化**

神經功能。

　　有項研究指出，增加成年人的有氧運動量並持續三個月，可以使腦白質變大。腦白質是將資訊傳遞給下游細胞的腦細胞輸出結構。雖然我們尚未完全了解前額葉功能提升，和腦白質增加的原因，但是腦部各種成長因素的濃度增加，很可能就是答案。以務實的角度來說，光是運動一次（尤其是至少持續三十分鐘、讓心跳加速的運動），就已被證實可以改善注意力和執行功能，任何人即使是穿著休閒服飾，也可以藉由「快走」使心跳加速。體能活動是最快速、最簡單且最方便的方法，讓你減輕焦慮、提升專注力和注意力。

　　最令我驚豔的一次觀察，其實是個意外發現。當時我要透過視訊對紐約大學的一群新生說話，為了讓學生記得這次的談話，我決定在演講的最後十分鐘請他們和我一起運動，讓他們真正「感受」運動對情緒和認知功能的影響。最後，我想測量他們的焦慮程度，所以我讓他們在運動前後都做一個快速的標準焦慮測驗，而且在演講結束後寄出結果。我發現在運動前，學生的焦慮程度偏高，但是在運動後，他們的焦慮評分驟降了十五點。這讓我看到，就算只是在生活中加入十分鐘的運動，也有很大的力量。

薇若妮卡的故事：專注力極佳的運動員

我最難忘的運動受試對象，是紐約大學的一個學生，我在本書中稱她為薇若妮卡。薇若妮卡請求來我的實驗室擔任義工（整個學年常常會有人要來當義工）。她說她正在為奧運雙人溜冰進行訓練，而且她想研究運動對腦部的影響。當時，實驗室正準備進行某項研究；我們要觀察一次運動對受試者完成需要運用前額葉皮質的工作表現，會帶來什麼影響。受試者要畫一條線，連接愈來愈大的數字，而且數字和字母會交錯出現。舉例來說，字母和數字會隨機列印在紙張上，受試者要找到數字「1」，然後畫線連接到字母「A」、數字「2」、字母「B」，依此類推，直到測試時間結束。這個任務需要注意一連串的字母和數字，並且按照順序連接，因此也需要運用到工作記憶，又稱為「暫存記憶體」，當你在連接時要回想，剛才曾在哪裡看過數字「8」和大寫字母「K」。

我讓薇若妮卡接受運動測試任務，因為我知道這個研究需要進行的五十分鐘腳踏車運動，對她來說並不困難。不意外的，她輕輕鬆鬆就完成了。但真正令我難忘的是接下來的事，在這次實驗前後，我都沒看過有人能像她那麼專注，

而且又快又精準。薇若妮卡彷彿是專注的機器,而且她從沒做過這個實驗。我看著她快速瀏覽整張紙,當我說「開始」,她已經很清楚所有的字母在哪裡了。我可以想像,如果是在拍攝福爾摩斯做這個實驗,劇組的人會如何將這些字母和數字做成動畫,來顯示福爾摩斯所看到的樣子。

需要什麼能力,才能把這個任務做好?我承認我在實驗室內,只對一位奧運級選手做過實驗,但這讓我想對更多同等級選手做實驗,以觀察這種高階前額葉功能,是否為奧運選手的共同特徵。為什麼呢?可能這些運動員必須快速評量自己的情境,並且接受極佳的訓練,在心中想好自己的下一步。這讓我想到很厲害的貓跳滑雪選手,他們必須在百萬分之一秒內,在心中預想下山的路徑。可能是他們的訓練加上有氧運動,使效率提升。也有可能是她定期做有氧運動,已提升她的能力,能將焦慮激發的能量用在這個任務上。因為我只測試過一個人,所以不能確定原因為何,但是有許多令人興奮的想法值得深入研究!

「電玩」也能提升注意力?

在注意力研究領域中,有一項著重於電玩訓練的研

究，主題是「電玩會減弱還是強化注意力」，以及對身心健康的影響。二〇一八年時，有項文獻檢視對電玩所做的研究，包括動作類電玩以及「腦力訓練」電玩和拼圖類電玩。

有意思的是，容易令人玩上癮的「俄羅斯方塊」（Tetris），被證實比行之有年的腦部訓練方案，更能有效提升短期記憶和處理的速度。同樣的，另一個很受歡迎的電玩「傳送門」（Portal），也被證實比備受重視的商業腦部訓練活動「發光體」（Luminosity），更能有效改善解題的能力。雖然研究結果或多或少要視受試者的年紀、電玩類型以及實驗時間長短而定，但結果都是正面的。研究員似乎同意，電玩可能可以幫助兒童強化執行功能技巧，也能幫助健康的成年人預防認知衰退。所以結論是什麼？電玩和腦部訓練活動都指出，**腦部具有可塑性，也有改善功能的能力**。

戴夫的故事：活用焦慮，變成行動清單

戴夫是位事業有成的企業家。三十二歲時，他已經打造並售出四間成功的公司，但他現在的公司卻遲遲沒有進展，這是一間新創公司，目標是讓搭飛機旅行變得更輕鬆、更享受。因為他過去輝煌的紀錄，收到很多投資人對這間公

司表達興趣,但是公司內部所做的衝刺測試(這是快速而專注的衝刺,將所有資源投入,盡快將概念變成原型機,以便讓顧客試用)並不如預期,所以他募不到下一輪的資金。他不斷在紐約與洛杉磯的辦公室之間往返滅火,感覺好像一隻無頭蒼蠅。他告訴我,他的焦慮破表了。

戴夫一直都很喜歡成立新公司,也熱愛憑感覺行動的快感,而且他對自己能撐過痛苦和壓力,並完成工作的能力很自豪。但這是當他還有能力控制壓力、運用焦慮的時期。這一次,他很擔心自己辦不到。他無法談論愈來愈嚴重的焦慮,而且很快就開始拖累自己,進而質疑自己的上一個行動──即使邏輯和直覺都告訴他,這是正確的決定。他經常陷入無止境的重播循環,回想上一次和拒絕他的投資人之間的對話,他會反覆檢視所有搞砸的對話內容。

現在資金沒有如他預期到位,戴夫擔心會有不好的結果,他感覺焦慮就好像在洪水中被淹沒一樣。他原本有能力管理焦慮,但現在已經失控了。

有一天晚上,戴夫感覺很無助,他傳簡訊給一位總是在新創圈工作的前同事莫妮卡。他從來沒請她提供建議,但看過她指導其他人。戴夫信任莫妮卡,也知道她是可以談話的對象。莫妮卡的專長是業務開發,曾經多次與成功的新創

公司合作，包括戴夫開設的新創公司。

　　莫妮卡收到戴夫的簡訊後，不到幾秒就回電。光是聽到她的聲音，就能讓戴夫平靜下來。他想到她的樣子，總是穿得漂漂亮亮、表現胸有成竹。他逼自己說出當時的感覺。然後莫妮卡告訴他自己的故事。她承認自己終其一生都受焦慮所苦，她早年曾對自己的一舉一動、所有的決定都很執著。差一點讓她決心換跑道。戴夫聽完後不敢相信，因為她給人一種「神力女超人」的感覺。

　　但後來莫妮卡告訴戴夫她的祕密。她說，她發現當她面臨壓力（也就是高認知負荷）、要達成一筆交易時，她會訓練自己的注意力，以找出某個情境下所有可能的問題。她覺得不要把這個直覺當成問題，而是要運用直覺來列出所有可能的情境並加以分析。這個策略對她的事業決策和人生決定都很有幫助。她發現那些「萬一」的想法並不是在告訴她，自己失去了擅長的能力，而是一個工具，幫助她做出更有效而且完整的評估手上的任何提案。莫妮卡意外發現一種方法，以全新的、具有高度生產力的方式來運用焦慮，反而讓她不會做出錯誤的選擇。她開始和這些緊張感同步，不只是期待緊張感，更是希望這種感覺能激發內心的活力。她教自己如何運用好焦慮帶來的不安，徹底分析（由上而下控制

注意力系統）事業決策和交易。正如她對戴夫說的：「接受焦慮，讓我變成更有效率的創業者。」

戴夫立即看出，他也可以利用同樣的策略來幫助自己聚焦於「萬一」，並且更有效評估事業的負面情境，以加強決策流程，與客戶和潛在投資人討論。戴夫運用莫妮卡的策略並且「操作」如下：

① 他會想著目標以及想實現的事，包括他是否能實現目標的憂慮和恐懼。

② 然後列出所有想得到的「萬一」，即可能會阻礙他實現目標的事。

③ 接著他列出一張清單，寫出所有可以解決「萬一」的辦法（請注意，有時候光是列出辦法就是很好的第一步，幫助你考量某些情況下可能的結果或情境）。

④ 然後當他完成時，就會一一刪除。

⑤ 當他再次檢視清單時，他就會重寫、更新資料。

⑥ 重複這個練習，直到達到目標為止。

這個練習變成戴夫的系統化策略，以處理和事業有關的高度焦慮，及帶來的恐懼和體驗。但是他很快就發現，這

個策略可以應用在大部分的人生挑戰中——不論是個人或是工作方面的挑戰。**與其被焦慮阻礙，他選擇將擔憂（也就是一大堆的「萬一」）導向到列出行動清單，將他的焦慮轉化成具有生產力的超能力。**

這個策略讓戴夫覺得自己得到超能力。他本來以為要永遠活在壞焦慮中，但他了解到只要把對事情的擔心，改用來擬定強大的事業策略，就能擺脫壞焦慮。結果戴夫找回了自信。以前他只覺得聽到許多質疑的聲音，現在他則是更信任自己。他知道運用自己對細節的注意，不只能幫助減少懷疑，還能感覺更自在。他也開始信任自己對創新的直覺，不會因為執著於想法是否完美而裹足不前。他知道有些想法會成功，有些不會，但是沒有關係。

把「萬一」變成待辦清單，帶來更高的生產力

本章談了這麼多有關注意力的神經科學、如何改善注意力（透過運動和冥想），以及某種特定的專注力其實是一種好焦慮（或是以前文中戴夫的情況來說，這種專注力變成了好的焦慮），而我們之所以要這麼做，是因為這能使我們更有生產力。

　　舉例來說，當戴夫開始列出「萬一」的事項，以幫助解決公司新產品的問題時，他的生產力就改善了。凱莉減少寫作業時令她分心的事，學業成績就變好了。而蓋兒則是透過冥想練習來提升工作時的專注力，並維持注意力，進而恢復之前有活力的狀態。身為運動選手的薇若妮卡在做暫存記憶體（也就是工作記憶）測驗時，表現驚人，顯示固定運動對專注力的效果。

　　在這四個案例中，受試者利用負面焦慮的激發，並透過注意力網絡來運作。如果他們沒有精確找出注意力網絡的運作方式，就無法好好利用焦慮。此外，當他們消除負面刺激（凱莉的案例）、讓腦－身體系統平靜下來（蓋兒和戴夫的案例），或只是仰賴注意力（薇若妮卡的案例），最終仍能提升注意力。換句話說，好的焦慮能改善你的注意力，只要你能：

　　・減少分心的事物。

　　・透過「冥想」來改善專注和生產力。

　　・利用「運動」引發平靜和警覺性。

　　・將充滿焦慮的「萬一」清單轉變成具有生產力、以
　　　目標為導向的「待辦事項清單」。

8

強化你的社交腦

　　我們終其一生都會利用語言和非語言的溝通工具，來理解其他人的感覺，以及溝通想法、感受、欲望和意圖。從臉部表情到姿勢動作、語氣聲調到對話風格，這些全都是習得的行為，能讓我們在社會中互動和溝通。我們會發出並且逐漸配合不同團體中的社會規範——從家庭到學校到工作場所，以及更廣的社交圈。我們的互動模式愈有效率，就愈覺得自己能掌控生活，且在這個世界、事業和人際關係中悠遊自得。丹尼爾・高曼（Daniel Goleman）創造了「社交智商」一詞（有時也稱為社交情商，Social Intelligence Quotient，SQ），以描述我們在這些社交情境中的行為及情緒。他指出，我們的 SQ 及 EQ（情緒智商），比智力（IQ）更能預測人們的私生活和工作上的成功。這些社交技巧在管

理焦慮和學習控制焦慮上，具有非常高的重要性。

我們從一出生就會學習這些技能。在嬰兒與父母或照顧者的往來互動中，小寶寶會先開始注意來自主要照顧者的肢體和情緒刺激。小寶寶生來就會觀察並回應來自臉部表情的線索，尤其是與母親的目光接觸。這種互動有助於建立健康的親密關係，這是健康的情緒與心理發展最重要的基礎之一。在經歷一段短時間的相處後，家長和孩子會開始自動地協調非口語的溝通方式，神經科學家稱這個為社交同步（social synchrony），這會為我們未來的互動建立基礎。

事實上，如果缺乏這樣的互動，孩子的認知和情緒發展就會受到影響。**研究顯示，低智商、無法自我調節、長期學業表現不佳以及缺少社交技巧等，和孩子缺乏與家長間的互動有關。**

我們的口語與非口語溝通能力，是根據哺乳類動物的生物學而來，並且與特定的腦部網絡連結有關（請參閱以下內容）。當我們和周遭的人互動，就會得到有意義的資訊。從觀察其他人的行為，我們學會行為舉止，並且判斷一個人或情境對我們而言是好或不好。等到長大成人，就會發展成一套互動的模式，形塑我們相對於他人的身分認同、享受親密關係、設法解決衝擊、學習為自己挺身而出、與他人合

作、配合及妥協──這些社交技巧對於生活及周遭的人們來說，非常重要。這些技巧能幫助我們的感情生活，及建立重要的友誼、養育子女、建構事業和網絡。

和喜愛的人往來、建立豐富的社交生活、培養同理心（深刻理解其他人的觀點以及情緒感受的能力），對我們的腦－身體系統來說，具有保護作用；這些都有助於加強對壓力的忍受，幫助我們不被壞焦慮傷害。當我們學會強化社交腦，感覺就會更好，並且能過更好的生活。的確，適當調節情緒且注意所有的情緒，包括負面、令人不自在的情緒所引發的好焦慮等，會讓我們更外向、更想與人往來和相處。但是，當焦慮太多，壓力或不安的感覺把人逼向邊緣時，社交信心就會瓦解。

根據幾項研究顯示，**長期的壓力可能會打斷腦細胞的功能，導致人們失去社交欲望，並且避免與其他人互動。**長期的壓力也會造成大腦前額葉皮質「縮水」，尤其是影響記憶功能。當感到焦慮時，許多人會避免社交活動，這是處理恐懼與不安的應對策略，就好像我們的焦慮反應短路了一樣：選擇逃避令人感覺不舒服的事情，而不是去解決它。如果人們生來就有社交能力，為何還有這麼多人對與他人相處往來感到焦慮呢？為什麼加入團體、出席派對或活動，甚至

是和新朋友見面等,令許多人感到痛苦呢?為什麼做一件我們生來就擅長做的事,會造成這麼多的焦慮?

當這個短迴路混亂時,人們會發展出社交焦慮症(Social anxiety disorder,SAD)。社交焦慮症和人在緊張時,或甚至在社交活動前、感到害怕時,所發生的日常焦慮是不一樣的。患有社交焦慮症的人,腦部特定區域中的功能會改變,包括前扣帶迴皮質(ACC)以及一種廣泛性的邊緣系統,都會處於高警覺狀態。如果是日常的焦慮,我們有機會可以運用焦慮的激發原因,將注意力專注於喜歡的事情上。這個主動的轉移,可以抑制對某些社交情境最初的恐懼反應。舉例來說,如果出席派對或和一群人出遊時產生焦慮,若最初的反應是逃避,那我們可以學著緩和這樣的恐懼。此外,愈常鍛鍊社交腦和社交智商,就愈能緩衝社交焦慮帶來的影響,以及可能造成的孤獨感。

孤單的感覺通常會伴隨著壞焦慮,彼此互相惡化。情況之所以惡化,部分原因是缺少社會性依附和互動。醫師和治療師通常會建議當事人從事一些活動,包括和親友、同事多相處,或是參加支持團體,以治療孤單的感覺。**換句話說,「人」就是治療孤單的方式**。但是,焦慮通常會變得非常強烈而且持續,導致大腦的改變,進而使你在看待自己與他人

的關係時，會發生異常和錯誤。研究員稱這種為「感受到的孤單」（有些科學家的理論認為，大腦功能先失常，例如基因異常，造成人們容易感到孤單）。不論這個先有雞還是先有蛋的問題答案是什麼，孤單是有害的，會使焦慮惡化，並影響數以百萬的人。

醫療服務公司信諾（Cigna），最近使用加州大學洛杉磯分校的孤單量表所做的一項調查發現，現今美國有半數成年人感覺孤單。我們現在得知，有一些嚴重的健康問題和孤單有關。例如一項檢視三十萬名病患的整合分析顯示，孤單者的死亡可能性，比有足夠人際關係的病患高出五〇％。從心理學的角度來說，高度的孤單和新陳代謝異常、免疫系統失調、睡眠中斷、心血管疾病，以及較高的死亡率有關。

既然不好的社交焦慮會導致這麼多問題，而且可能會阻礙社交關係，使人們無法正常發展，那麼，好焦慮能帶來哪些幫助呢？

了解社交腦的運作以及如何發展社交智商，我們就可以避免焦慮產生負面作用，包括可能令人退縮且變得孤單的恐懼反應。我們也可以利用好焦慮的激發和注意力，來幫助自己使用有意義的方式和他人往來。就像加強肌肉群一樣，我們可以強化同理心，而同理心就是一種與人往來的能力。

我們愈常和別人真誠地往來，腦－身體系統就會愈健康，生活就會愈豐富。但還不只如此：你可以把同理心變成超能力，即學著悲天憫人。

進入社交腦的內部

　　聞名遐邇的費尼斯・蓋吉（Phineas Gage）的故事，讓他後來開始進行社交腦的研究。蓋吉在一八○○年代中期時是一位鐵路工人，後來升為工頭，他發生的一次意外使他的腦部永遠受損，尤其是最接近大腦中間（或稱為「中線」）的前額葉皮質。意外發生前，認識他的人說他是努力工作、認真負責的人，他是下屬「最喜歡的人」。但意外發生後，治療並研究蓋吉的醫師指出，雖然他的智力和大部分的記憶力都沒有改變，但性格和社交互動能力卻完全變了。他的雇主說意外發生後，「蓋吉的心智改變得太明顯了，實在無法再讓他回去工作。」的確，有人說蓋吉變得「反覆無常、粗俗、經常說出很粗野的髒話（他原本不是這樣的）」。事實上，他的朋友和同事都說：「他已經不是原本的蓋吉了。」他的性格完全變了。

　　所有神經科學教科書都會提到費尼斯・蓋吉的故事，

因為這是我們第一次發現線索，大腦前額葉皮質的中線在社交情商中，扮演重要的角色。在這個案例發生後，我們也發現，其他的腦部疾病也會傷害社交互動的能力。神經科學家和認知心理學家把蓋吉受損的重要功能稱為「心智化」（mentalization），這是指適當地表現自己及其他人心智狀態的能力。另一個我們熟悉的心智化受損情形是自閉症，患者無法像其他心智和情緒狀態正常的人一樣，進行社交和口語溝通（即心智化）。

透過大腦造影，可顯示心智化的兩個主要區域。第一個是像蓋吉的情況，腦部中間也就是前額葉皮質的部分受損，以前被稱為前扣帶迴皮質（請參閱頁 167 圖⑤）。當人們監督（或注意）自己的心智狀態和其他人的動作時，這個區域就會很活躍。另一個有關的腦區則是顳葉和頂葉的交界區域，稱為雙側顳頂交界區（temporoparietal junction）。當受試者看著其他人移動時，這個區域就會很活躍，你可能聽過這個區域，因為義大利研究員將這個稱為「鏡像神經元」（mirror neuron）。

鏡像神經元的功能就像心智化神經元，它們似乎會在人們展現同理心時啟動。雖然鏡像神經元可能不是了解同理心唯一重要的部分，但是愈來愈多證據顯示，鏡像神經元

與同理心有關的腦區間，存在著關聯性。鏡像神經元是在一九九〇年代初期，在恆河猴身上發現的，研究顯示，當受試的恆河猴吃東西，以及當受試猴看著別人吃東西時，這些獨特的神經元會有反應。最近的研究則發現，與鏡像有關的大腦網絡，包括前島葉皮質有一部分，在自己感受到痛苦以及同理別人的痛苦時（看著別人痛苦），都很活躍。雖然關於同理心的社會神經科學研究已有長足的進步，但鏡像神經元和同理心之間的精準連結，仍需要更進一步的研究。

就像我們已經討論過的許多腦部功能一樣，同理心是由下而上，也是由上而下的程序所產生的。這需要的不只是鏡像神經元自動化的功能，即發現並辨識其他人的情緒，還需要有意識的心智化能力，以理解別人的感受。然而，同理心第三個重要的元素，對我們的理解也很重要，即自我意識和情緒調節。**我們必須達到身心平衡，才能站在別人的立場來看事情。**

和社交感知有關的腦區有很多，而社交感知包括處理社交情境以及做出反應。這些區域都和決策及專注有關，會影響人們的社交互動，而且這些區域皆位於大腦前額葉皮質中。但是其他社交功能，例如處理社交情境的方式（注意到社交線索、解讀肢體語言等），似乎是在杏仁核中發生，

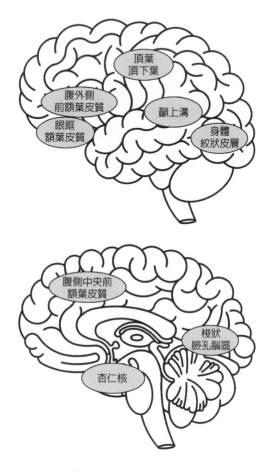

圖 6　社交腦的神經解剖學，取自培爾佛瑞和卡特
（Pelphrey and Carter）

而杏仁核同時也處理我們的核心情緒反應（參考頁 197 圖⑥）。這張圖的重點在於，我們會運用也需要很多腦部區域來處理社交情境，以及做出反應。

這張圖和社會腦的解剖學調查顯示，社交智商（SQ）結合了注意力、察覺能力和情緒調節。就像我們看到的，這些神經網絡會影響人們管理壓力反應和處理焦慮的方式。

「催產素鼻內噴劑」能改善焦慮？

你可能已經聽過催產素（oxytocin），它可是媒體寵兒，而且被大肆宣傳成「愛的荷爾蒙」，可以治癒害羞。你可能甚至上網查過「催產素」這個詞，並發現這種荷爾蒙也有鼻噴劑，且在許多知名線上商店販售。但你可能會很意外地發現，催產素對我們的社交能力發展（也就是社交智商）有很多的功效，社交焦慮症和孤單感皆和缺乏催產素有關。

催產素是由大腦下視丘裡的腦細胞所產生並釋放，下視丘位於腦中間一個很小但很重要的區域。催產素最為人所知的功能之一是在生產時。催產素不只會刺激子宮收縮、讓寶寶進入產道、讓母親生產以及產後泌乳哺乳，催產素還能促進母親與孩子間的感情。這就是催產素真正的力量；如果

沒有催產素，女人就很難親近自己的孩子。

　　催產素還有另一個令人興奮的特色，是前國家心理衛生研究院（National Institute of Mental Health）院長湯姆‧因索教授（Tom Insel）與同僚發現，催產素和一個相關的神經荷爾蒙血管加壓素（vasopressin），控制著一種很可愛的小生物，即草原田鼠（prairie vole）的配對。用簡單的話來說，因索教授發現催產素就是草原田鼠終生只有一個伴侶的原因。只有少數哺乳類動物終生只有一個伴侶，而草原田鼠就是其中之一。要建立這麼強的關係，母草原田鼠需要產生催產素，且在與公鼠交配時就會產生，而公草原田鼠則需要相關的荷爾蒙，就是血管加壓素。後來其他的研究顯示，催產素能讓我們學習社會行為與社會認可，以及與其他人建立重要的連結。有趣的是，長期感到孤單的人，都沒有上述這些特質。

　　催產素被證明能夠讓腦－身體系統平靜下來，因此能「緩和」焦慮並幫助調節壓力反應。舉例來說，研究指出，血流中的催產素濃度較高，會使憂鬱症患者的壓力及焦慮反應皆降低。這是怎麼辦到的？一個最近的模型顯示，催產素的釋放會引發科學家所謂的社交因應——請求他人的協助或是支持，這樣當然能減輕焦慮。

　　我們來想一想：人的身體其實有能力產生一種化學物質，以便尋求幫助，減輕焦慮和孤獨感。現在再來想一想，如果這個過程被打斷或是阻礙，會有什麼結果？

　　催產素是如此重要，有許多人設法以人工的方式取代，或刺激人體產生催產素。其中一種你可能已經看過，這種產品以人為的方式，從鼻腔來提升焦慮情境下的催產素，以刺激患者產生社交因應行為。科學家已經檢視過，對控制組（有典型社交關係的成年人）以及有社交焦慮症和自閉症障礙（Autistic Spectrum Disorder，ASD）的患者，給予催產素鼻內噴劑。結果好壞參半，尚無定論。好的一面在於，研究顯示催產素鼻內噴劑可以降低焦慮、提升社會認同與社交動機。不好的一面在於，研究結果差異非常大，而且不一定都是正面的，也就是說催產素鼻內噴劑無法可靠地改善社交機制；對不同人而言，成效也不同。事實上，最近一個有關給予焦慮、憂鬱症患者催產素鼻內噴劑的文獻研究指出，整體而言結果仍不明確，無法得出清楚的結論。

　　我們有可能使用催產素鼻內噴劑來幫助焦慮反應嗎？可以。這些研究仍在初期階段，還有很多有意思而且可行的實驗仍待進行。事實上，任何社會神經科學家都會說，每天都有關於催產素的研究，雖然我們現在還不知道如何以最好

的方法使用催產素鼻內噴劑，以便改善焦慮，但我們對這個機制的理解每天都在增加。的確，這個關於催產素的研究非常具有啟發性：我們對這個機制了解得愈多，明白如何提升催產素的量，也許就愈能解決社交焦慮的問題。

社交智商的力量

同理心以及相關的同情心，其實都是幫助焦慮的超能力。若想了解該如何增強這兩者的能力，就要了解社交智商（SQ）的科學。根據暢銷書《情緒智商》和《社交智商》的作者丹尼爾·高曼的說法，社交腦有五個主要的功能：

① 互動同步

這種非口語的往來協調，是從母嬰時期就開始學會的能力，幫助我們發展依附、溝通技能，以及了解如何期待及與他人進行規律的互動。

② 同理心的類型

同理心不只有一種，以原始同理心（primal empathy）來說，能讓我們自動分辨他人明顯的情緒狀

態，例如恐懼、噁心、傷心等等，這些都是與生俱來的情緒，不需要更高的認知能力就能辨認或解讀；還有一種則稱為認知同理心（cognitive empathy），是一種學習而來的技巧，需要較微妙和複雜的推斷、辨識、注意力以及感受力。對社交不敏感或是有自閉症的人來說，該技巧可能比較難，或是他們完全沒有認知同理心。

③ 社交認知

這是在社會團體中管理自己的能力，例如解讀臉部表情、傾向、輪流說話，以及和諧地與其他人相處。

④ 互動或溝通技巧

這些基本的技巧能讓我們說話、傾聽，以及用其他方式和別人溝通。

⑤ 關心別人

這是基本的能力，能幫助我們與他人建立情感的連結，以滿足基本需求；但這也是一種複雜的能力，能幫助我們和他人建立起更深、有意義的連結。換句話說，我們生來就有能力關心其他人，因為這有助於生存。

我們的大腦生來就有發展這些能力的路徑；然而這種能力的健全發展需要仰賴幾個因素。如我先前提到的，有一些能力必須在幼年時就被啟動，例如照顧、觸摸、看顧嬰兒，以及對嬰兒說話時會發展出健全的依附感。

勒方的故事：用焦慮來拓展社交能力

好消息是，大腦具有可塑性，能幫助我們在一段時間後，及累積一些經驗後，發展出很多社交技巧。勒方從小就住在亞特蘭大中產階級的郊區。他不是學校裡最富裕也不是最貧窮的孩子，雖然父母沒有很多錢，但家中總是充滿愛、支持和情感的連結。勒方的父母感情一直很好。他們是彼此最好的朋友，不吝於公開表達愛意，而且這對都有工作的父母，總是支持彼此的才華和有抱負的事，而且兩人都想多陪陪家人。他們對兩個孩子也付出無條件的愛。他們算是嚴格的父母，但總會強調對彼此的愛。他們會吵架、意見不同，甚至有時會大吵，但也很快就原諒彼此，家中總是充滿親朋好友的歡笑聲。

比妹妹大兩歲的勒方是個容易緊張的孩子。他無法靜下來，有時因此惹父母生氣，也讓他在學校惹了不少麻煩。

他上三年級時開始每天打籃球，一次可以打好幾個小時。他不只球技變好，當他開始打球時，「躁動」的情況也平靜下來了。顯然運動和專注於比賽，能幫助他的神經系統變平靜，解決第一個層次的壞焦慮。

勒方在高中時簡直是為籃球而活。他熱愛打球、熱愛球隊。正向的團隊精神、同志情誼和他們對運動共同的熱愛，令他活力十足。即使有時候場上會爆發爭執，勒方總是能很快就解決爭端。在任何情況下，他都能理解兩邊的立場、不選邊站，並且幫助化解分歧。他是最棒的隊員，很快就被推舉為隊長。

勒方高中畢業前雖然打了一場漂亮的比賽，但並沒有贏得州冠軍賽，不過靠著贏得籃球獎學金，仍進入一所很棒的大學。勒方雖然成績普通，但一直都是個好學生。不過，就在他上大學不久後，幾乎每天都要花很多時間練球，再加上全新的大學課程，令他在課業上追趕得很辛苦。慢慢地，他在球場上的信心已不足以減緩焦慮。他開始注意力渙散，總是感覺很緊張。他變得更容易分心、成績低於標準，而且他很擔心自己不是念大學的料。他開始不和隊員互動、質疑打球是否值得他這麼緊張。

勒方知道自己表現不佳，但後來發生了改變他一生的

事。他聽到內心的聲音在敦促他尋求協助，他決定聽話。他聯絡的第一個人是球隊中的一位教練。菲利浦教練非常支持他。他傾聽勒方訴說面臨的挑戰，並且理解勒方的完美主義令他無法尋求學業上的幫助。教練幫他在學校找了個家教，練習更有效率的學習策略，以配合他密集的籃球訓練。

菲利浦教練也知道，勒方很需要感覺自己是球隊重要的一員，而且他的確是。他和勒方保持密切的聯絡，以確保他在球隊裡感覺自在，教練還請另一位隊員亞伯特鼓勵勒方和大家一起出去。勒方告訴亞伯特自己面臨的困境，才發現亞伯特在大一時也有過類似的困境。勒方才知道原來他可以設法解決自己面臨的問題，並且感覺在各方面都得到支持。

大學畢業多年後，勒方經常回想起幫助他度過艱難時期的人們，及所收到的支持。他看到尋求幫助能帶來的力量，並且了解到他也想幫助別人。他想要發揮自己的領導力和團隊技能，不只幫助別人，還要對這個世界有所貢獻。最終，勒方學會利用「好焦慮」來發展社交技巧。

在他大四那一年，曾為當地的國會議員候選人工作，他聽過這位候選人的演講，而且認同他說的話。勒方很快就成為選舉期間的重要助手，而且在政界如魚得水。他喜歡和人說話、分享他的故事和看法，他尤其喜歡和態度有所保

留,甚至是意見和他完全相左的人說話。他很善於跟持有各式觀點的人們開啟對話,並且樂在其中,而不是拒絕討論。談話時,他不是「非贏不可」。這時候就是他的「同理心」在發揮作用。

我們可以從勒方的故事得到兩個重點。第一,勒方能從很多典範中學習正向的社交互動:從小看著父母以愛和尊重溝通,以及在籃球隊與其他人的互動。然後,他發現這些技巧對人生帶來的幫助:溝通技巧減輕他天生容易「躁動」的性情,並且讓他的隊友和教練能給予正面回應,強化了他與人親近、遭遇挫折仍堅持下去的動力。第二,因為他看到可以使用這些工具,而且他也在有需要的時候尋求外力的協助。任何一位老師都會告訴你,尋求協助不只表示你是好學生,也代表著一個人既成熟又堅毅。雖然這乍看之下是常識,卻常被誤解。自力更生的觀念深植於西方文化中,人們非常強調獨立自主。這些自我決定的價值觀,有時候會讓人誤以為「尋求幫助」是壞事,只有弱者才會尋求支援。**但是科學證明正好相反,「尋求幫助」顯示的是一個人的社交技巧很強。**

勒方的焦慮令他注意到,自己對學業表現及球隊地位的不安全感。這個故事重要的是,焦慮並不是在告訴勒方他

有多失敗；而是在告訴他該尋求協助。他運用好焦慮發展出社交自信與同理心，並且找到真實的自己，同時和其他人建立起真誠的關係。

亞當的故事：用同理心來改變社交方式

亞當是家中的獨子，他一直都很害羞、內向。他從嬰兒時期開始就很黏母親，只要看不到母親，他就會放聲大哭。長大一點後，他變得比較大膽一點，但仍是個話不多的孩子，說話聲音輕柔，看起來不善於社交、有點焦慮。他的父母也是話不多而且內向的人，沒什麼社交生活，所以亞當學習社交技巧的機會很少。

雖然亞當沒有很多朋友，但他喜歡任何一種動漫。他有豐富的想像力，並且沉浸在自己創造的故事中。他喜歡畫圖並加上文字說明，而且他經歷的正向強化大多來自於他的創作。

高中和大學時，亞當的生活都是寫報告、偶爾和認識的人出去，但大部分的時候他都獨自坐在電腦前。大學畢業後，他成為自由接案的軟體開發員，大部分的時候都是獨自工作，因為工作不需要與人接觸，所以對他來說沒什麼問

題。他偶爾會去約會，但他總覺得很尷尬。他也不確定任何
一個女人會想要和他發展長期的關係——他不是很無趣嗎？

　　有一天，公司因為不是他造成的原因而解雇他，導致
他開始擔心錢的問題，後來他的憂慮更嚴重了，因為沒有人
可以聽他訴說恐懼。他知道如果告訴父母，他們會反應過
度，這樣只會使他更憂慮、心情變得更糟。他不想造成任何
人的負擔。他很快就發現，這輩子第一次感覺這麼孤獨。漫
畫對他來說，一直都是安慰和愉悅的來源，這次卻幫不了
他。孤獨感令他害怕，但他不知道該怎麼辦。

　　他一直都很想要有社交生活和一群朋友，但是他總是
覺得太焦慮、不安全而作罷。他讀到最棒的文章之一指出，
他可以根據自己本來就喜歡、擅長的事，來建立社交圈的基
礎。他只有一個選擇：他的作品。他想像著可以談論動漫創
作、過程，以及他最喜歡的藝術家。然後他想出一個主意：
他要上課，學習如何教別人畫出動漫作品。

　　這堂課對亞當來說如獲至寶。忽然間，他每週都會進入
一個不只讓他想要分享和提問的空間，而且還想要和其他人
互動與學習。這也許是他這輩子第一次很容易就能和陌生人
說話，而且話題全都聚焦在動漫上。課程很有趣、很輕鬆，
以前和陌生人說話時，他常感到焦慮，這次則完全不會。

　　他了解到，多與人往來的建議很有幫助。他和班上的同學互動時只有一點點，甚至完全不會緊張，而且很期待每週的課程。但是正當他開始有進展時，他注意到這裡讓他這麼自在的原因之一，就是這些同樣想成為動漫畫家的人。他們也和他一樣──話不多、害羞，心裡有很多話想說，但沒什麼機會練習說出口。他發現自己不只能了解他們，也知道該如何幫助他們：只要保持耐心，從小地方開始。他開始成為大家的老師，即使同學回答時只有一個字，也是很棒的開始；下課後，他會試著和其他同學聊天，因為這時比較沒有那麼多人在看，所以做起來較容易。亞當學會最重要的事就是，**「同理心」是治療焦慮最好的方式**。

　　亞當是忽然變得比較不內向嗎？不是。他應該變得外向一點嗎？不必。但他了解到，用來應對焦慮的工具，也可以用來減輕尋找社交圈的焦慮。說故事以及畫動漫帶給他喜悅和放鬆；當他了解到這些興趣可以為別人帶來同樣感覺時，他就找到了進入這個社交圈的方式。此外，亞當的同理心讓他知道，其他人也處於相同的焦慮感中；他的同理心變成了別人的救生索，因為有些人仍在苦苦尋找屬於自己的社交圈。

　　他感覺更自在了，而且幫助他變得自在的方式，就是透

過同理心去改變互動方式。這樣一來，亞當的焦慮讓他進入一個美好的世界，如果不是這樣，他可能不會發現這個世界。

展現你的同情心，擴大交友圈

同理心是好事，但還有更棒的，那就是同情心。某種程度上來說，同情心是幫助焦慮最「簡單」的超能力。對所有令你感到焦慮的事展現同情心，你就能同時減輕別人和自己的焦慮。

我把同情心當成是加強版的同理心。同情心始於我們發現自己的行為、思想和話語以及與其他人溝通的方式，這些都會造成影響，不論我們是否看得出來。一個簡單的動作雖然只持續幾秒鐘，卻可能為別人帶來喜悅的力量。

你不需要二十四小時馬拉松式地展現同情心，從小地方開始就可以了。了解焦慮讓你注意哪些事，那你就可以開始尋找幫助。如果你因為剛開始新工作而焦慮，就花點時間和其他新同事聊聊，讓他們感覺自在。如果你在孩子和工作間蠟燭兩頭燒，就花點時間和生活圈中的其他新手父母聊聊。花點時間想像別人可能覺得很辛苦的事，或令你覺得辛苦、充滿挑戰和憂慮的事，可以讓人感到非常放鬆。

如果你因為社交緊張、尷尬或害怕社交，這其實是很正常的反應。不論看起來如何，其實很多人都對社交情境感到焦慮。但你已經知道，其實有方式可以鍛鍊自己的社交肌肉，並提升人際關係。事實上，焦慮其實是在提供線索，讓你知道可以用什麼方式和對方聊天、提供什麼樣的救生索，會讓對方很感激你。傾聽焦慮給你的訊號，了解自己對什麼事感到不安，並且練習同理心，就能幫助其他和你有相同情況的人。

記住，把焦慮轉為同情心是你與生俱來的能力──其實這就是焦慮的目的。**同情心和同理心能一起幫助你減輕壞焦慮，你可以利用焦慮讓自己變得比較能和他人來往**。這麼做會有什麼結果呢？你會把同情心散播給其他人、其他動物，甚至是整個地球！

提升創造力

　　創造力通常被認為是天賦才華，有些人與生俱來，大部分的人則沒有。創造力被說成是一種神祕、抽象又無法得知的能力，所以才會這麼令人驚豔。年輕的時候，創造力這件事會讓我聯想到畢卡索或塞尚等人驚為天人的畫作、維吉尼亞・吳爾芙（Virginia Woolf）辭藻優美的詩詞、法蘭克・蓋瑞（Frank Gehry）設計的畢爾包古根漢美術館，或是歐洲崇高的文藝復興時期大教堂。在科學界，充滿創意的天才科學家如居禮夫人、愛因斯坦或最近的瑪麗－克萊兒・金恩（Mary-Claire King，發現乳癌基因者），他們都深深令我感動。瓊妮・米契爾、巴哈、女神卡卡和詹姆士・泰勒的音樂，全都啟發著我。沒錯，創造力似乎是藝術家和天才會有的能力。但我和大部分的人一樣都錯了。

　　現代對於創造力的觀念顯示，這是人類大腦基本的能力，不只是有轉變的能力，例如藝術鉅作，同時也是很平凡的東西。當我們解謎或是答題，就是在運用創造力，當我們想出新的方法來織毛衣或是堆院子裡的木材，就是在運用創造力。**創造力包含解決問題、創造、洞察力和發明的能力。不論是大事還是小事，創造力都是人類與生俱來的能力，而且豐富著我們的生活。**

　　正如壞焦慮會讓我們陷入一種傷害自己的表現中，而非幫助我們的心態，我們也知道壞焦慮會阻止創造力。典型的例子就是作家的寫作瓶頸。但是，焦慮真的會阻礙創意思考的神經路徑嗎？不論是創意思考或任何其他思考，焦慮真的令人無法思考嗎？很多人誤解了，其實焦慮有時可以激勵創意，給人們更多素材以深入自己的內心，然後找到出口；創造力可以讓我們處理包括焦慮在內的負面感受。同樣的，焦慮讓人重新理解創造力，有了這樣的理解後，我們就會「創造」新的方法來處理焦慮。

蜜凱拉的故事：別讓焦慮抑制你的創造力

　　蜜凱拉（Michaela）總是在趕截稿時間。她是一位自

由接案的編輯兼作家,她總是不斷在工作,總是接了太多寫作專案而忙不過來。她把這種高壓的生活方式視為生活的一部分,她相信活在截稿邊緣就是自由接案者的生活模式。她總是在擔心繳不出帳單、總是在存錢未雨綢繆。

這種生活已經對她造成了傷害。她最近被診斷出罹患橋本氏甲狀腺炎(Hashimoto's disease),這是一種會影響甲狀腺的自體免疫疾病。甲狀腺功能不佳會出現疲勞、易怒和焦慮等問題。過去幾個月來,唯一能讓她把工作做好的辦法就是睡午覺,並且在晚上八點半前上床。但就算她睡午覺,作品的品質就是無法達到過去的高水準;她能準備交件,但是內容並不精彩。她後來和男友分手,因為她覺得無法承受任何的人際關係,並將社交活動減到最少。她的人生只剩下工作,沒有休閒。

蜜凱拉的醫師為她開了甲狀腺藥物,然後非常明確告訴她,如果不改善長期壓力的問題,會繼續產生其他疾病。醫師的話讓蜜凱拉警覺,她需要立即改變生活方式,所以她檢視自己的飲食,開始運動和冥想。在營養師的建議下,她也開始服用保健食品 4- 氨基丁酸(Gama-AminoButyric Acid,GABA),這種物質被證實能改善情緒、緩和焦慮。她也開始深入研究因壓力觸發的橋本氏甲狀腺炎。她開始理

解，原來慢性壓力會以許多方式消耗腦－身體系統，當腎上腺釋放過多皮質醇，一些重要的腦區就會受到不好的影響，包括海馬迴和杏仁核以及前額葉皮質。身體也會受到慢性高皮質醇的影響，增加罹患高血壓、糖尿病和心臟病的機率，也更容易得到自體免疫類的疾病。

我認識她時，我們談過她該如何處理壓力。對蜜凱拉而言，控制她的壓力反應顯示為「依賴焦慮」，而非「擺脫焦慮」。這讓蜜凱拉思考，對她來說真正重要的事情：她想永遠自由接案嗎？她想要決定自己行程的自由嗎？她以前總認為，她需要自由接案者的生活型態，才能得到創造力和提升生產力。但現在她不這麼認為了，因為她總是在擔心錢的問題以及尋找下一個案子，顯然這就是她的慢性壓力來源。也許財務穩定能減輕她的焦慮？跟著焦慮的源頭，才能找到她對於自由接案與穩定收入的矛盾情緒，讓她得到寶貴的想法。她必須考慮目前的生活型態，以做出重大的改變。

蜜凱拉開始重新看待她的想法，並且應徵幾個全職寫手的工作。對她來說，這種寫作的內容並不有趣，以貓狗資訊為主的雜誌來說，但是薪水很不錯。她的行程固定，還有公司福利，這樣她就能更有安全感。她決定放手一搏。一個月後，她開始感覺沒那麼焦慮了。事實上，她覺得更有活

力，部分原因是她開始服藥，且生活感覺更平衡了。她覺得
自己現在比較有活力，能把多的時間投入在自己的寫作專案
上。她開始固定於每天早上寫日記。她會讀茱莉亞‧卡麥
隆（Julia Cameron）的《創作，是心靈療癒的旅程》（*The
Artist's Way*），一開始她只寫三頁，沒有特定的目標。然後
三頁發展成五頁、六頁。很快地，小說的雛形就出來了。

　　蜜凱拉對金錢的憂慮造成她高度的焦慮，無法追求創
作小說的抱負，甚至開始生病。但她一開始並不想做出正向
的改變，直到焦慮令人無法忽視。但是當她退一步，仔細檢
視自己的生活和習慣後，她發現自己並不希望因為焦慮和自
體免疫疾病，而使人生不完整。她忽視自己對於金錢的焦慮
太久了，結果累積成令人無法忽視的健康危機。此時她才開
始了解焦慮在告訴自己的事——她得重新看待自己的想法，
並且做出改變。接下全職工作雖然是她以前不想做的事，但
如此一來，她也得到了一直想要的生活。

　　最後，蜜凱拉把她的活力用在有創造力、有意義的事
情上。最好的是，她以前總是把自己的創作文章和工作文章
分開來，但是當她有更多活力後，才發現這種工作與生活區
別的假象，只會使她更焦慮。她也發現額外的好處，而且似
乎正在改變人生。她的焦慮受到控制後，現在不論心智、情

緒或體力，都可以從事更具有創造力、有生產力的事。這就
是最好的禮物。

蜜凱拉的故事不只說明了「我們有能力改變行為」，**也
突顯了「創造力」是轉變與療癒的來源**。蜜凱拉永遠要面對
甲狀腺機能失常的問題，永遠要小心身體對壓力的過度反
應。但現在她知道該如何管理壓力反應，也學會控制焦慮，
創造力變成了她的活力、平衡與身心健康的來源。

創造力有什麼特徵嗎？

我想我必須正視或是承認，我的確是個有創造力的
人。幾年前，我絕對不會認為自己是有創造力的人。但是研
究和經驗證明我錯了。我們都可以是有創造力的人。同時要
記住的是，研究員已找出富有創造力者的特色，事實上，創
造力有一些可以定義的性格或是脾氣。

根據研究，有創造力的人會具有下列情形：

- 可以容忍模稜兩可
- 堅毅
- 較不在乎社會認同
- 願意接受新的體驗

．願意承受風險

有些人的確生來就具備這些性格特徵，而有些人，包括我在內，只具備不到一半的條件。創意思考需要以上所有特徵嗎？還是只需要其中幾項？

我的重點是，關於創造力的眾多錯誤概念中，其中一個就是，你以為必須具備有創造力的性格，才能發揮創意，或是利用創意思考來解決問題或發明新東西。但是，當你了解原來發揮創意的思考方式是可學習時，請想一想以下每一個特徵，以及你可以選擇這麼做：

．容忍模稜兩可的情況：這就很像之前說過的，面對困難或令人痛苦的情緒（例如焦慮），我們愈來愈感到自在，不是很像嗎？

．在遭遇阻礙或失敗時堅持下去：這和培養積極的心態並選擇持續下去，參考別人的意見回應然後再試一次，是不是很像呢？

．忽視可能遭遇的社會不認同：這是否就像具備獨立思考的能力，在有需要時尋求協助？

．對新的體驗或改變行為採取開放的態度：這是否就像認知彈性呢？

・脫離舒適圈，並嘗試不保證能成功的事：這是否就
像想要參與、學習並樂在其中的欲望呢？

為什麼我認為以有創意的方式過生活對我們有益？因
為這麼做會強化我們的彈性、開放的態度以及學習和成長的
欲望。每個人都有發揮創意的潛力，並利用這樣的創意來控
制焦慮不好的一面，並且運用好的焦慮。重要的是，如何發
展出好焦慮具備的技巧？包括積極的心態、願意訓練自己將
注意力集中在特定目標上，以及放手去做的勇氣。這同時也
提醒你，學習如何容忍這些負面狀態，而不只是創造，還有
幫助你將焦慮轉變為超能力。

對我來說，我有很長的一段時間無法忍受不被認同。
我總是想得到認同和支持，然後才去做別的事，某種程度
上，這讓我在科學界維持正面的態度以及不斷地研究，但是
很可能阻礙了我更有創意地發現其他事。我一直到自己的資
歷足夠，現在換成別人想要得到我的認同時，我才發現，不
論當時誰的資歷夠深，並不表示他是最好的指導者，也許團
隊中新來的人才最具有創意。這個領悟讓我放下對社會認同
的依附感。失敗教會我如何改進自己的工作；即使是新產品
第一次推出時得到負面評價，也很有幫助，讓我快速擺脫不

好的方法並找到更好的方式。失敗是過程的一部分；別人的意見回應有助於我們改進。**並非我想要負面的評語，但是這些有助於把概念或產品做得更好，反過來說，好評永遠無法這樣幫助你！**

那麼，創造力是什麼呢？

我看過關於創造力的定義，其中最好的一個是：創造力是「產生既新穎（也就是具有原創性、出乎意料）又適當（也就是實用、雖然有限制但也有適應性）的產品的能力」。雖然我們對創造力的科學研究還在初步階段，但對於進行任何創意活動時的神經路徑和過程，已經逐漸達成共識。在我們深入腦部前，先來看看創造力明確的定義，究竟是什麼。

有一位科學家曾說：「創造力就是達爾文進化論的過程，因為最後總是要選擇哪些新的構想既適當又重要，或是實用。」愛因斯坦的相對論新穎嗎？沒錯！實用嗎？那是當然！在新冠肺炎疫情肆虐時，失業的時尚設計師發現，雖然不能設計高級的上衣和絲巾，但是這段「空閒」的時間可以用來製作口罩，是新穎的想法嗎？沒錯！實用嗎？又說對

了。創造力激發科學家運用 T 細胞的能力來殺死癌細胞，創造力讓嘻哈音樂融合美國歷史，創造出優秀的音樂劇《漢彌爾頓》。允許我們的思想游移並脫離熟悉的事物，能刺激創造力。

從神經科學的角度來看，創造力是一種資訊處理，可以是情緒或是認知性的處理，亦是刻意或自發性的處理：

・當問題的解答浮現，你會有自發性的洞見或啟發。

・在堅持和辛勤（也就是刻意）地努力後，你有了新的理解或新的連結。

我們可以在真實生活中看到創造力如何顯現。進行了三年田野調查、和受試者訪談、查看各種研究報告的人類學家，可能認為漫長的日夜工作、辛苦又機械化的記錄，以及將錄音檔轉為文字檔，這都不是創意的過程。但是當她坐下來開始統整紀錄，找出在各個訪談中共同的主題時，這個思考以及尋找關聯並得出結論的過程，就是創意的過程。緩慢的過程、堅持和研究，全都在幫助她找出關聯性和產生自我觀點。

我的好友也是創造力專家，即《靈光乍現：創造力的過程》一書的作者，茱莉・柏斯汀（Julie Burstein）也同意，

創造力並非少數人才有的能力，而是任何人都能發展和培養的能力。她說我們都可以透過以下的方式，啟動創造力：

① 注意周遭世界，並對新的思考方式抱持開放態度。

② 迎接挑戰和逆境，並學習突破自己認為的限制。

③ 放開一點，才能多方嘗試。

④ 知道人生最痛苦的情緒體驗，可以提升我們的創意表現。

你發現了嗎？在這些提升創造力的建議之中，有半數著重於挑戰或痛苦的情緒體驗，而另一半（例如提升注意力和放開一點）需要輕鬆的感覺，不要被過多的刺激或情緒激發所妨礙，也就是認知功能中的好焦慮。有趣的是，即使是壞焦慮也可以產生不同的結果。

在無可避免的困境、壓力、痛苦、恐懼和不安中，通常伴隨著動力，想要追求紓解、找到解決之道或感覺痛苦的答案。這些負面的感受可以是很寶貴的原料，幫助我們想出創意的觀點或發明。我們需要能把壞焦慮變成好焦慮，心態、生產力和表現的超能力才能開始運作。我們對創造力所了解的是，這個超能力是人們陷入痛苦情緒中而激發出來的。

科學家和理論家對於如何研究創造力，以及如何追蹤

創造力過程的功能路徑或結構區，有著不同的看法。的確，兩位重要的創造力專家對於創意思考，在最新的看法中指出：「我們無法單憑一種認知或神經機制，來解釋像愛因斯坦或莎士比亞如此卓越的創造力。」

那麼重點是什麼？創造力很特別，而且很多元。創造力是我們努力處理情緒的產物。所以，我們就先來看看創造力的腦部知識，然後再來探索，該如何運用好焦慮和壞焦慮來提升個人能力，以幫助發揮完整的創意，豐富生活。

創造力在腦部的位置

雖然一開始，神經科學家以為大腦中的前額葉皮質是創造力的「所在地」，但我們現在知道創意思考的過程會涉及很多腦區，包括：抽象思考、自我反思、認知彈性、心智化以及同理心、工作記憶，還有持續和導向的注意力。這些分散的認知與情緒處理，在執行不同的創意活動時會重疊和互動。

任何一個左撇子都知道一個老笑話：如果右腦負責身體的左邊，那麼只有左撇子的想法才是正確的。右腦（又稱為右腦半球，right hemisphere）一直都被認為和熱情、情

緒和非邏輯有關。我們也知道，語言與分析、邏輯和務實的想法則是在左腦。那麼你可能會很意外地發現，創造力的發生既不是在左腦，也不是在右腦。最近關於創造力的神經研究顯示，創造力涉及很多腦區網絡。舉例來說，雖然創意的火花，也就是「忽然開竅」的那一刻，似乎是在某個特定的腦區才會發生，也就是右腦顳葉中的顳上迴前區（anterior superior temporal gyrus），但其實創造力的過程還涉及許多腦區的活動。

神經科學家已辨識出產生創造力的主要大腦網絡，共有三個。你已經熟悉其中的一個，那就是執行控制網絡，它的功能是集中和組織我們的專注和注意力。另外兩個是顯著網絡（salience network）和預設模式網絡（default mode network），同時也有助於我們展開創意思考。

「執行控制網絡」集中在前額葉皮質，負責管理抑制控制、注意力以及工作記憶。這三個都是集中和維持專注所必要的區域，同時也在創意過程中扮演重要的角色。前額葉皮質的另一個關鍵功能——認知彈性，也是創造力的核心。執行功能的這部分能讓我們以新的方式來看問題、嘗試能帶來新的解決之道，以及讓思考有所突破。想要以有創意的方式來看待問題，就一定要有認知彈性。

　　第二個是「顯著網絡」。與創造力有關的第二個腦部網絡稱為顯著網絡。這是一個廣泛的腦結構網絡，負責監督外部事件和內部思想，視當下的任務而定，讓腦部轉換處理內外部的資訊。與這個網絡有關的腦區包括位於前額葉皮質中的背側前扣帶迴皮質，以及前島葉皮質。另外還包括杏仁核、腹側紋狀體（ventral striatum）、背正中下視丘（dorsomedial thalamus）、下視丘，以及部分紋狀體（striatum）。創意思維的特色是有思考彈性的能力，以及在不同想法、感覺、外在刺激、記憶與想像力之間不斷轉換的能力。當好焦慮刺激顯著網絡時，它就能在啟發的創意之間快速轉換。

　　第三個是「預設模式網絡」（又稱為想像力網絡）。這個腦區一直以來就被認為和思緒漫遊有關。當我們的大腦處於休息狀態，沒有刻意專注在某個任務上時，腦部的預設模式就會啟動並且開始漫遊。這個網絡就是個很好的例子，顯示焦慮可以是好或是壞的。當預設模式網絡卡在堅持重複的行為（perseveration）或反芻性思考（rumination）時，就會使焦慮惡化；但是，當你知道預設模式網絡並且用這個模式來進行腦力激盪，那麼焦慮就是好的，而且可以為創造力和想像力提供能量。的確，最近的研究顯示，具有高度創

造力的人，其大腦的注意力和創造力沒那麼好的人相比之下更差。在使用功能性磁振造影研究時，這個狀態的特色是在許多路徑出現清楚和擴散的行為模式。雖然科學家說這個狀態是「休息」狀態，但其實只是不刻意或不費力在專注上。換句話說，預設模式網絡代表很多思考和連結，是在潛意識中進行的。

神經科學家藍迪‧巴克納（Randy Buckner）描述預設模式網絡是「根據個人過去的經驗，建構動態心智模擬，例如在回想、思考未來的時候，還有以不同角度想像現在的情況時」。因此，另一位人類創造力領域的專家史考特‧巴里‧考夫曼（Scott Barry Kaufman）把預設模式網絡稱為「想像力網絡」。這個網絡也包括前額葉皮質中的區域、中顳葉，包括對長期記憶很重要的海馬迴，以及頂葉的皮質。

最近一個研究顯示出這三個網絡的重要性，即我們可以從這三個網絡的連結強度，來預測一個人是否具有原創性的能力。

解構創造力

為了以清楚、明確定義、聚焦的科學方法來研究創造

力，我們已經找到了兩個主要的創造力處理模式：自發性和刻意的模式。自發性創造力是指看似無法解釋的「開竅」時刻，也就是靈感不知從何而來的時候，這通常被認為是與預設模式網絡有關。而刻意的創造力則是由上而下的程序，這是有策略性、需要付出努力並且以解決問題為主的創造力，所以這需要大腦的幫助，即執行控制網絡及顯著網絡。

心理學和化學界有個很有名的故事，一八九〇年時，德國知名化學家費里德里希・奧古斯特・凱庫勒（Friedrich August Kekulé）描述自己有一天在火堆前打盹，夢到一隻「吞掉自己的蛇」，讓他想出苯環的環形本質。這個故事經常被用來說明創造力的自發性本質。但是最近的分析顯示，當時早就有別人已經發現並且畫出苯的環形結構，而凱庫勒作夢的說法只是一個有創意的藉口，自己想獨占發現這個結構的功勞。雖然第一個例子需要自發性的創造力，但第二個解釋顯然是刻意的創造力。

明確區別這兩種創意思考有好處嗎？我認為有。正如創造能進入心流的環境一樣，你也必須做好準備，以預期和體驗並且投入創意發揮的時刻。是的，靈光乍現雖然看似不費吹灰之力，但事前總是需要先做一些準備。

創造力不只是允許我們，也會鼓勵我們接受自己所有

的感覺，包括焦慮在內。此外，焦慮會讓我們注意可能會引發的情緒——這就是創造力很重要的一環。**不論是負面或正面情緒，情緒能量通常會是藝術、寫作和音樂等創作的靈感來源**。但是這樣的藝術創作也需要運用到認知能力。這三個網絡的互動相連，以及自發性與刻意、情緒與認知之間實際的分界，突顯了創造力的一個重點：不論一個創意觀點是自發還是刻意的成果，大腦都需要運用儲存在情緒與認知記憶庫中的知識。神經科學家阿爾尼・迪特里奇（Arne Dietrich）說：「不論是藝術還是科學領域，創意觀點的表現需要高度的技能、知識或技巧，而這些需要仰賴持續的解決問題。」創造力會連結起情緒與認知過程，這兩種過程會幫助我們接受焦慮的感覺；**此外，當我們練習將焦慮轉變成美好的事物，創意過程就會是焦慮的發洩出口**。

　　這解釋了為什麼有些科學家認為，創意過程共分為五個階段：

① 準備階段，沉浸於任務或是對某個主題或領域的好奇心。

② 醞釀階段。

③ 產生解決方案，或是湊出拼圖。

④ 產生用來評估的條件。

⑤ 選擇與制訂決策，或決策的執行（實施）。

如果你想解決問題、激勵好奇心，或是啟發自己走出舒適圈並嘗試新事物，在你考慮磨練創意的精神前先想一想，好焦慮的激發、意識和投入，可以幫助你不要因為挫折而鑽牛角尖，或是接受它。

利用「創造力」幫助你接納焦慮

能為創意思考帶來幫助的過程，在某個程度上，也有助於將壞焦慮變成好焦慮：

- 認知彈性讓我們重新看待情境，並且減輕對壓力的生理反應。
- 讓我們能站在別人的角度看事情，及想出別的辦法來感受威脅反應。
- 持續且集中的注意力，讓我們更了解自己的焦慮，然後控制所採取的行動。

創意思考不只能強化將壞焦慮變成好焦慮的工具，也會在我們處於好焦慮時浮現。舉例來說，有創造力的人較無

法過濾額外的資訊;換句話說,有創造力的人,其專注力較不集中。這是什麼意思呢?即有創造力的思考者,想法較廣泛而完整。

　　觀察訓練人們擴散性思維能力的實驗顯示,我們可以「教會」大腦變得更有創意。關於這一點,我有親身經驗。身為科學家,我列出一些這些年來我很自豪的創意觀點。有些很務實,有些則很深奧(你必須研究海馬迴的電流生理學很多年,才能了解為什麼有些想法很有創意)。但也許我最自豪的觀點,是在我必須解決一個很困難、像撞牆一樣的問題時想出來的。

　　我的創意來自於焦慮的親身經歷,是我在研究所進行神經科學研究時,最自豪的事之一。首先你要知道的是,我花了六年取得博士學位。我當時在研究對記憶來說很重要的腦區,就位於海馬迴的旁邊,而我的工作非常有趣,但同時也很花時間、很枯燥。我的工作有一半是要畫出海馬迴旁的這些區域連結;在這些研究以前,我們不知道這些區域與腦部其他部分如何連結。我知道當時我們在做這些實驗時,很有可能會有突破性的發現——我們所研究的腦區是神經科學研究尚未深入的部分,而且我們猜想這就是解開長期記憶運作方式的鑰匙。但我也知道,如果沒有好的工具以展現我的

深度分析，我就無法真正知道自己到底發現了什麼。我到底該怎麼辦啊？

我所做的研究，有助於顯示這些以前不被重視的腦區，不只是和海馬迴有很強的互相連結，而且還會接收很多來自腦部各區的資訊輸入，它就像是一個漏斗一樣，收集來自腦部的資訊，然後讓海馬迴處理這些資訊。為了做這些解剖學的研究，我將少量且不連續的特殊顏料，注入我要研究的腦區，結果顏料最後被輸送到其他細胞體內。我在念研究所時花了好幾百個小時，親手尋找那些被標記的腦細胞，並使用電腦系統將它們所在的位置，標示在我畫出的腦部剖面圖的輪廓上。因為我所研究的腦區接收到腦部各區傳來的顏料，所以我有好幾百張腦部剖面圖，必須花很多時間一一掃描和規劃，標示我所看到的細胞。

這部分花了很多時間，但我們的設備和顯微鏡都很精良，可以把這件事做好。我知道我必須要能傳達這些路徑的影響，我的發現才可能具備重要性。在我之前的許多研究，採用非常不精確的方法來顯示不同腦區以及標示的細胞，以「藝術呈現」的方式來表達分布的情形，以繪製大腦的表面。但是這些圖都缺少一些細節，也就是在不同情況中的各細胞層，以及整個大腦的標示模式。有一個比較精確的方

法，可以顯示上述資料，那就是建立一個被稱為大腦的 2D
展開地圖。但必須完全以手工繪製，無法自動化。如果沒有
外力的幫助，我覺得我可能要花八、九年的時間才能畢業，
因為我必須靠自己手動分析所有的資料，所以之前的科學家
才會選擇比較有藝術性，但卻是質化的全腦繪圖方式。

這些會讓我擔心、引發焦慮嗎？當然！念研究所就是
整整六年的時間，要去習慣科學研究總是充滿模糊。我知道
我和世界級的科學家一起工作，但這不表示我一定能找到世
界級的發現，並寫成博士論文。

我陷入一個困境中，要花好多年「手動」爬梳資料。
我做了在這種情況下唯一能做的事：我必須發揮創意以「解
決」這個問題。我花了好幾個星期在腦海中反覆想，該如何
以前人沒做過的方式，來調整方法或將研究自動化。我彷彿
感覺得到我的執行控制、顯著和想像力網絡，來回傳遞這個
想法。我沒有「運動後的亢奮」，也沒有一個方法成功後激
發我想到另一個方法。我只是一個壓力太大的研究生，擔心
好幾千個小時用顯微鏡做的苦工，無法得出我認為應該會有
的重大科學突破。

有一天我正在苦惱該怎麼做時，感到愈來愈焦慮。我
開始手動一一排列展開的腦區段，就在這個時候，我想到一

個主意。這些排列的腦區段看起來就像我幾分鐘前才在處理的試算表。事實上，當我把這些區段攤平並將皮質分區成小塊時，我可以計算每一小塊皮質裡被標示的細胞數。現在看起來就更像試算表裡的欄和列了！當時我略知試算表該怎麼用，但是並不常使用。但我覺得這個主意值得好好嘗試一下。因為當時就在假期前，所以我帶著試算表的使用手冊飛回加州聖荷西，這樣我就可以在假期時「研究」該怎麼用，並思考該如何用這個來幫助自動化解剖分析。結果，試算表的欄和列，不只是與我用手展開的腦地圖的方式完全相同，而且我還可以用試算表的程式語言來建立一個小巨集，視小塊皮質區中發現多少標示的細胞而定，用色彩為不同的細胞編碼。有一百個細胞的小皮質塊會自動標示為紅色，而只有十個細胞的小皮質塊會自動標示為灰色。

那年的聖誕節，我在父母的客廳裡高興地跳起來，飲料倒在手冊上。雖然我並沒有發現全自動化的系統，但這已經給我新的量化方法來圖解並儲存所有實驗資料，後來我用試算表分析很多年，實驗室裡的其他同事也這麼做。這是壞焦慮所啟發和促成的創意發想。但我也知道當下的壓力，是讓我火力全開以找到解決之道的那盞燈。我現在認為當時解決問題的方法，就是一個很清楚的擴散性思維，並融合認知

彈性和持續性的注意力。

創造力是一種需要多練習的技能，它會要求你「跟著它」的腳步，這通常要你走出舒適圈。我遇過最大的挑戰，是要我走出舒適圈並做一件不保證會成功的事，是什麼呢？就是表演歌舞劇。我當時在紐約上一個歌舞劇課程，期末的時候必須在台上獨唱兩首歌，背後還有樂團伴奏。我的天啊！那堂課上有一些俊男美女同學，還有一些不算貌美的同學。而我顯然就是屬於後者。我超愛練習的課程以及和老師一對一的練習，但是表演的那天晚上我好害怕！我唱了奈特・金恩・科爾的〈送我的寶貝回家〉（Walkin' My Baby Back Home），還有麥克・布雷的〈搖擺〉（Sway），都是我喜愛的歌。那天晚上我沒有贏得葛萊美獎，但我永遠記得那個坐在前排的女子，我唱歌時她全程都帶著微笑，用腳輕踏著地板。那可能是我做過最勇敢的一件事。我開啟了另一個創意的出口，到現在還在探索，而且我現在還是會唱歌。

在痛苦中反而能激發創意

茱莉・柏恩斯坦的《火花：創造力的運作》一書，以更微妙的方式幫助我了解創造力。在這本精彩的書中，茱莉

描述作家李察・福特（Richard Ford）的故事，他從小就有閱讀障礙，只能慢慢閱讀。但是多年後福特發現，慢慢閱讀讓他能更深度欣賞語言的韻律和抑揚頓挫。事實上，他把今日成為普利茲獎作者的原因，歸功於對語言細節的注意力。

我超愛這個故事，因為完美地顯示一件明顯和痛苦、挫折與焦慮有關的事（終身閱讀障礙），如果以正確的心態來看待，竟然可以激發創造力。

心理或情緒深層的痛苦與創造力之間的關係，並不是新鮮事。有些藝術家深受焦慮和憂鬱所苦。想一想這些創作者：梵谷、作家安妮・賽克斯頓、米開朗基羅、喬琪亞・歐奇夫，他們都深受情緒痛苦的折磨，而且有些人最後選擇結束自己的生命。雖然我不認為痛苦是藝術家成功的先決條件，但是這兩者間的關聯值得深思。

茱莉說，**找到創造力的方法之一，就是透過「痛苦」。她把這種能力比喻成從哀痛中產生正能量、成長和洞察力。**她把憂鬱和焦慮等負面情緒，視為體驗各種感覺的機會，包括負面的感覺：黑暗、痛苦，以及好的感覺，例如歡樂、嬉笑、喜悅等。茱莉建議，接受哀傷與失去，我們才能感受教育家帕克・帕默（Parker Palmer）說的「悲劇的鴻溝」（tragic gap），也就是現實世界以及你想創造的事物之間

的隔閡；就好像直視虛無的太空，然後仍有勇氣說：「我就放手一搏吧！」

我對悲劇的鴻溝另一個解讀是：被壞焦慮激發，並且讓我們看到與生俱來的創造力。

是因為茱莉，我才發現神經科學家正在發現的一件事：「創造力就是在控制和放手之間的拉鋸；是既付出努力又毫不費力；是體現壞焦慮與好焦慮之間的推與拉。」創造力控制著焦慮的激發、啟動和投入，同時不會被過多的焦慮、堅持和「萬一」給淹沒。了解創造力過程的不同層面（因為創造力有許多過程），不只能正面啟動創意表達的能力，還能讓你以前所未有的方式運用大腦。

我們可以用痛苦來幫助建立全新、實用、改變一生、意義非凡的東西。一切都在你的掌握中。但是這個過程本身具有淨化的作用，能讓我們走出自我的侷限，並且回饋世界。

第三部

把焦慮變成朋友

——平靜、翻轉和引導焦慮的工具

10

善用焦慮

　　我們該如何運用大腦神奇的可塑性，使腦力全開？我們該如何給自己機會，做出正面的選擇？我們該如何更有效管理焦慮，並學習如何引導焦慮？

　　在本書中，你能學習到大腦的運作方式，及感到焦慮且想避免焦慮時，大腦中的網絡與互動情況。我希望你大致了解科學家對大腦所做的研究、大腦的互動，以及我們可以利用控制情緒、反應以及行為，讓生活過得更好。第四章至第九章的內容都在說明，我們可以取得焦慮移動的路徑並加以運用，以提升專注力、改善表現、強化創意，及提高社交智商。當我們更善於這些，不只會恢復得更好，管理焦慮的能力也會提升，還可以開啟通往超能力之門。

　　好了，現在該把重心放在你身上了。你可能會發現，

焦慮能幫助你獲得更多能力。例如，因為趕截稿時間而焦慮，但因此生產力大幅提升。或者，焦慮讓你表現得更好，甚至可以感受到心流啟動。你可能會發現，最近一直感覺很焦慮和無精打采的原因之一，是因為獨處太久；該走出家門並且和親友聯絡感情了。

在接下來的幾頁，我會提供幾張問卷和調查，以引導你注意自己的焦慮體驗。這些問卷的目的是要幫助你，精確找出「如何感受焦慮」、「哪些情境會觸發你的焦慮」，以及「你通常如何應對焦慮」。這個反思的過程，能讓焦慮平靜下來，不至於阻礙你，同時還能讓你試著翻轉焦慮。雖然在前文中我們談過把壞焦慮翻轉成好焦慮，但這個過程正確的概念應該是，轉換你對焦慮的看法，注意焦慮想帶給你哪些資訊。一旦你能客觀地看待焦慮，就能重新評估情境、想法或記憶。以這個為轉向的軸心，你就可以有意識地決定該如何處理這些感覺。

對焦慮的想法是關鍵，可以幫助你管理焦慮、減輕焦慮帶來的衝擊，或是，如果你想要，也可以試著引導焦慮。**觸發焦慮的原因無所不在、永遠不會結束，但我們不一定非得對這些壓力產生不良反應。我們有能力「用最好的方式」來面對壓力**。我的目的是要幫助你「善用焦慮」，以提醒你

可能遇到的危險，並且引導焦慮來刺激你的腦－身體系統。

當你更清楚觸發焦慮的原因後，就能決定如何避開，並選擇正確的做法。

接下來的練習是以實用、精簡和可行為主。你應該可以很容易選擇喜歡的工具，並馬上開始探索這些工具對生活的幫助。我們的目的是要用這些工具來管理焦慮，避免其干擾生活，然後學習運用焦慮。最終，這些技巧可以幫助你把焦慮變成朋友。把焦慮變成朋友很重要，讓它就像你的老同學一樣。熟悉焦慮能幫助你發展自己的工具來調節焦慮、將焦慮降至最低，並且把壞焦慮變成好焦慮，這樣一來你不只能小心地監督事件的進展，包括成功與失敗，還能慶祝各種大大小小的成功。

認識你的焦慮

你會如何感受焦慮，每一天的情況都不同。若要更了解如何回應及處理焦慮，你可以先試著回答下列的問題。一定要記住一件事：你今天的回答可能和明天、其他日子的回答不同。這個問卷並不是在指控你什麼事，而是希望告訴你，對焦慮的反應是可以運用的資訊。

　　在你回答這些問題時，請盡量誠實地面對自己，並且注意當下感覺到的情緒變化。學習認清自己在焦慮量表上的程度高低，有助於找出你目前的焦慮程度。

問卷 ①

你有多焦慮？

以下的問題將幫助評估你現在有多焦慮。因為你感受到的焦慮會非常不同，所以我鼓勵你只要一感到焦慮時就回答這些問題。你選擇的答案（1、2、3、4）就是該問題的分數。加總所有分數後，即可計算出自己的焦慮底線。

Q1　過去幾週以來，你感覺緊張或擔心的頻率有多高？

　　1 完全沒有　　　　　2 有好幾天

　　3 超過一半的時候　　4 幾乎每天都是

分數：＿＿＿＿＿＿＿

Q2　過去幾週以來，你感到無法放鬆或是不愉快的頻率有多高？

　　1 完全不會　　　　　2 有好幾天

　　3 超過一半的時候　　4 幾乎每天都是

分數：＿＿＿＿＿＿＿

Q3 **過去幾週以來，你很容易被某個情境或某個人惹惱，甚至不耐煩的頻率有多高？**

    1 完全不會   2 有好幾天都是這樣

    3 超過一半的時候   4 幾乎每天都是

分數：＿＿＿＿＿＿＿

Q4 **過去幾週以來，你感到擔憂、彷彿會發生壞事的感覺，頻率有多高？**

    1 完全沒有   2 有好幾天都是這樣

    3 超過一半的時候   4 幾乎每天都是

分數：＿＿＿＿＿＿＿

Q5 **過去幾週以來，你失眠或是睡眠時間改變的頻率有多高？**

    1 完全沒有   2 有好幾天都是這樣

    3 超過一半的時候   4 幾乎每天都是

分數：＿＿＿＿＿＿＿

Q6 過去幾週以來,你暴飲暴食或是毫無節制地吃最喜歡的零食,這樣的頻率有多高?

1 完全沒有　　　　　2 有好幾天都是這樣

3 超過一半的時候　　4 幾乎每天都是

分數:＿＿＿＿＿＿＿＿

Q7 過去幾週以來,你無法專心或維持專注力的頻率有多高?

1 完全不會　　　　　2 有好幾天都是這樣

3 超過一半的時候　　4 幾乎每天都是

分數:＿＿＿＿＿＿＿＿

Q8 過去幾週以來,你應對焦慮的方式是透過酒精、大麻、強效止痛藥或其他物質等,以麻痺感覺的頻率有多高?

1 完全沒有　　　　　2 有好幾天都是

3 超過一半的時候　　4 幾乎每天都是

分數:＿＿＿＿＿＿＿＿

Q9 過去幾週以來，你上班、上學或赴約遲到的頻率有多高？

    1 完全沒有   2 有好幾天都是這樣

    3 超過一半的時候   4 幾乎每天都是

分數：_____

Q10 過去幾週以來，你拒絕親友邀約聚會的頻率有多高？

    1 從來不拒絕   2 有好幾天都是這樣

    3 超過一半的時候都是   4 幾乎每天都是

分數：_____

Q11 過去幾週以來，你是否持續從事體能活動（包括走路）？

    1 這段期間我有固定運動

    2 我只有幾次沒去運動

    3 我有超過一半的時間沒去運動

    4 這段期間我完全沒運動

分數：_____

Q12 從 1 到 10 分，1 分是最低，10 分最高，你如何評估過去幾週的焦慮程度？

（請寫下相對應的數字）

分數：_____

加總所有的分數後，分數：_____

得分說明

12～18 分　你似乎很少或完全不會感到焦慮

18～24 分　你現在有一點焦慮

24～30 分　你的日常焦慮程度似乎有點高

30～54 分　你現在的焦慮程度非常高

　　請記住，你對這些問題的第一次回答，能讓你知道當下的焦慮程度。我們如何感受焦慮以及管理情緒，這要視生活中的壓力來源為何而定，每天、每週、每個月都屬於不同時刻。不要對自己太嚴厲；這個問卷的目的不是要批判你，而是要你探索。

　　此外，不要拿自己的焦慮分數和別人比較。每個人都有自己的焦慮底線。有些人趕不及最後期限時，可能比較容易焦慮，而有些人則不那麼介意超過截止期限，並相信自己很快就能完成。每個人生來就有不同的秉性和獨特的個性，對壓力敏感度的生理底線也不同。好消息是，**壓力反應是動態的，是可以改變的。**

問卷 ②

當你焦慮時有什麼感覺？

在知道自己的焦慮程度後，下一步就是問自己，焦慮帶給你什麼樣的感覺。還記得第二章的情緒輪嗎？和焦慮有關的負面情緒有很多名稱，所以知道自己的感覺、說得出那是什麼感覺，能讓你意識到內在感受，並學習更有效管理焦慮和負面情緒。請圈出以下你覺得和焦慮有關的描述。

① 緊繃	② 勉強	③ 激動	④ 害怕
⑤ 緊張	⑥ 焦躁	⑦ 猶豫不決	⑧ 憂慮
⑨ 困惑	⑩ 不安	⑪ 感覺失敗	
⑫ 感覺能力不足		⑬ 悲傷	⑭ 噁心
⑮ 覺得無聊	⑯ 喪氣	⑰ 憤怒	⑱ 恐懼
⑲ 分心沉思	⑳ 煩躁		

當你開始記錄自己的壓力反應時，請在心裡記住這些描述以及給你的感覺。是否有些描述和感覺，比其他的更熟悉？是否有其他單字，讓你覺得和焦慮有關？

問卷 ③

觸發焦慮的原因有哪些？

在確認了焦慮給你的感覺後，精確找出觸發焦慮的原因，會為你帶來很大的幫助。什麼事情會讓你陷入焦慮？什麼事會讓你胡思亂想，假設一大堆「萬一」？什麼東西常會讓你擔心、害怕或恐懼？

下列是一些常見的焦慮（沒有特定的排列順序），包括：

- 對財務的不安全感
- 對食物的不安全感或飢餓
- 友誼或人際關係問題、意見分歧或衝突
- 社交焦慮感（我能融入人群嗎？我屬於這個群體嗎？）
- 隔離和孤獨感
- 對愛或工作感到失望
- 工作上的威脅或失業
- 孩子生病或惹麻煩

- 年長的父母生病
- 死亡或損失
- 自己生病
- 睡眠不足
- 害怕感冒、病毒或傳染病
- 害怕社交互動
- 害怕衝突
- 害怕看醫生

最容易導致你擔心或焦慮的原因有哪些？請選出五個。在找出觸發焦慮的原因後，並依擔心的程度高低，依序列出來（最擔心的請放第一項）。請在這五個項目的旁邊，寫下最近發生的情況、想法或回憶，以引發這些感覺，請盡可能詳細描述。

問卷 ④

寫下引發焦慮的五個原因及感覺

引發焦慮的原因	我的感覺	最近發生的情況
①		
②		
③		
④		
⑤		

把這張清單放在手邊，不要害怕它。知道自己焦慮的原因，才能了解該如何利用這個充滿實用技巧與策略的工具箱。

安撫自己的方法

當你感到焦慮或激動時,通常如何讓自己平靜下來?在閱讀以下常用的安撫技巧時,不要想太多,直覺回答哪些是你最熟悉的方式即可。

① 晚上回到家時泡澡

② 和朋友去喝幾杯

③ 回家的路上買速食回去吃

④ 吃甜食,例如糖果、冰淇淋或烘焙食物

⑤ 冥想

⑥ 更常運動,或是更少運動

⑦ 打電話給朋友或視訊

⑧ 更常午睡

⑨ 逛街購物

⑩ 獨自喝酒

⑪ 抽菸

⑫ 進行園藝活動

⑬ 出門親近大自然

⑭ 烘焙或做菜

⑮ 沒有節制地追劇

請翻到第三章，查看正面及負面的應對方式，以判斷哪些應對策略對你有用。請不要批判自己。你只要問自己，在應對壓力的方式中，哪些對自己有幫助？有沒有哪些方式會阻礙你？或是產生不想要的副作用？此外，哪些應對方式對你來說很有用？你會更常利用哪些方式？

提升對壓力的忍受力

我們已從前文得知，想要提升對壓力的忍受力，就需要能自在接受不舒適的感覺。如果我們立即試著掩蓋焦慮、不管它，或是否認它，就會失去機會，無法利用焦慮來達成好的目標。所以，第一步是就是坐下來感受自己，更靠近這種不舒服或焦躁的感覺，而不是逃避它。當我們允許自己認清並接受不舒服的事實，就是在做到這兩件事：① 我們會習慣這種感覺，並且知道「不會有事的」；② 給自己時間和空間，有意識地決定要如何採取行動或反應。這就是建立全新、更正面的神經路徑的方法。這個過程包括四個步驟（其中一個你已經做到了！），如下：

步驟 ❶ 意識到自己的情緒

回想起最近的負面感受、確認它的存在、讓自己陷入這種感受中。

步驟 ❷ 允許不舒服的感覺

當你確認了這種情緒,讓自己感受這種感覺,如果是焦慮,可能包括焦躁以及身體或情緒上的不舒服。

步驟 ❸ 感受那些感覺

對身體或情緒的感覺持開放態度。允許感覺、專注於感覺,不要逃避也不要否認。

步驟 ❹ 做別的選擇

現在該讓你的前額葉皮質啟動,有意識地選擇將這股能量導向焦慮。

在你主動將焦慮轉換成生產力前,需要創造足夠的情緒空間,才能進行這樣的轉換。你愈常練習這些步驟,就會愈自然而然地這麼做,很快地,當你開始感覺焦慮逐漸變得令

人不舒服時，這些步驟就會成為直覺，讓你下意識這麼做。

你管理情緒的表現如何？

　　我們不能低估情緒的力量。我們在前文中已經看過，學習以不同的方式控制壓力，並引導焦慮，以受惠於焦慮，其中一個主要的方法來自於調節或管理情緒，尤其是負面的情緒。

　　這份問卷將管理不舒服情緒的方式簡化，包括：重新評估，這顯示出認知彈性以及想要紓解不適的感覺；還有壓抑，這被視為適應不良型的情緒應對策略。當你在回答這些問題時，請誠實面對自己。這不是要你批判自己的練習，而是一個機會，讓你知道自己是否已經準備好，以及是否有意願面對並處理令你不舒服的感覺，例如焦慮。

問卷 ⑤

情緒調節問卷（ERQ）

　　情緒調節問卷的設計，可以評估一個人在習慣性使用兩種情緒調節策略時的差異，這兩種策略分別是：認知重新評估以及壓抑表達。以下每一題，請用數字 1 至7 表示你的意見，數字愈大表示愈同意，包括：非常不同意（1）、沒意見（4）或是非常同意（7）。

1. _____ 當我想要感覺更正面的情緒，例如喜悅或娛樂時，我會去想別的事。

2. _____ 我的喜怒不形於色。

3. _____ 當我不想要感覺那麼多負面情緒時（例如悲傷或憤怒），我會開始去想別的事情。

4. _____ 當我感受到正面的情緒時，我會很小心不要表達出來。

5. _____ 當我面臨有壓力的狀況時，我會用有助於讓自己冷靜的方式去思考。

6.＿＿＿ 我控制情緒的方式就是不要表達出來。

7.＿＿＿ 當我想要感覺更正面的情緒時，我會改變對情
　　　　境的看法。

8.＿＿＿ 我控制情緒的方式就是，重新看待自己在當下
　　　　的處境。

9.＿＿＿ 當我感受到負面情緒時，我會忍住，絕對不會
　　　　表達出來。

10.＿＿＿ 當我不想要感受負面情緒時，我會改變看待情
　　　　　境的方式。

　　接著我們就來解讀你的結果，我們先來看看問題
一、三、五、七、八和十的回答，這幾個問題可看出你
重新評估負面情緒的頻率。這些問題也反映出你想要
感受正面情緒的欲望。舉例來說，如果你對問題一、
三、五、七、八和十的評分較高（介於中立到極同意之
間），那麼你管理不舒服情緒的方式，就是傾向換個方
式看待當下的情境。這顯示出你擁有充分的情緒調節能
力。若問題二、四、六及九的分數較低，表示你在面對
情緒時（不論好或壞），不會壓抑這些感覺。這也是好

的情緒調節跡象。

　　然而，如果第一組問題（一、三、五、七、八、十）的分數較低，表示你不擅管理不舒服的情緒，以及需要更多認知彈性。此外，如果另一組問題（二、四、六、九）的分數較高，則表示你傾向壓抑情緒。這也是情緒調節不佳的跡象。

　　因此，你接下來的目標就是：學習調節各種情緒，將壞焦慮翻轉成好焦慮，並將這些焦慮運用在正確的目標上。

如何善用工具，平靜焦慮？

呼吸

我運用過其中一種最快、最容易也最有效的呼吸式冥想法，就是我的朋友呼吸冥想專家尼可拉斯·普拉特利（Nicholas Pratley）教我的。

第一步：找一個安靜的地方坐下來。
第二步：慢慢吸氣並數到四。
第三步：屏住氣並數到六。
第四步：慢慢吐氣並數到八。
第五步：視需要，重複上述步驟六到八次。

可以讓心靈平靜的呼吸練習有成千上萬種，包括正常呼吸並專注於整個呼吸過程中的細節與感覺。還有一種方法是在瑜伽課程中很常見的，就是鼻孔交替呼吸法，即用慣用手的拇指和無名指交替按住鼻孔。你可以先按住右邊的鼻孔，並用左邊的鼻孔吸氣數到四，接著屏住呼吸數到四。然後放開右邊的鼻孔，用左邊的鼻孔慢慢吐氣。然後再用剛才

吐氣的鼻孔重複吐納的動作。如果你想要，也可以上網搜尋「鼻孔交替呼吸法」，然後試試看。

把注意力轉向到正面的事

在會令你感到焦慮的情境下，訓練自己將注意力從觸發焦慮的事物上轉移，然後聚焦於生活中正面的事。不要專注在你擺脫不了的大型、令你害怕的公開演說，想像成如同話家常般，和朋友聊聊這個主題。也可以數天花板有幾塊磁磚，或試著回想屋裡每個人的名字。專注於你所在的環境中，但是想個辦法讓這裡變成你熟悉的地方。這個轉移注意力的練習方式，聽起來雖然很簡單，但有很強的效果並幫助你管理焦慮。

慶祝勝利

有一個能幫助你面對焦慮情境的好辦法，就是提醒自己「成功的事」。該怎麼做呢？花點時間感謝自己成功實現的每件事，將壞焦慮翻轉成好焦慮。你撐過那次的互動了嗎？撐過了就值得慶祝！你成功改變或調整情境，讓這件事比較不令你焦慮嗎？成功了就該獎勵自己——去買杯星巴克犒賞自己吧！

聰明地做選擇

　　記住，你能控制自己所處的環境，這樣就能從焦慮的事情中抽離，有空間重新評估這件事。控制你的環境，不論是工作、居住、用餐、睡覺等，還有和你在一起的對象，可以很有效地減輕無法控制人生或情緒的感覺。**掌控情況需要的是有意識並刻意採取行動，不要被動「看著事情發生」。**你可以考慮做這個練習：下次發現身邊的人心情不好或抓狂發脾氣，請深呼吸並提醒自己，這個人的態度不好，並不是你的問題。這看起來雖然非常簡單，但其實每一次當你抽離別人的心情或某個情境時，就是在強化保護自己的屏障。

調整情境

　　有些情況永遠會造成你的焦慮，與其費力逃避（這樣通常會導致適應不良型的行為），何不試試新的方法，像是「事先做好準備」。**你所面臨的未知愈少，對情境的掌控就愈好。**舉例來說，如果你討厭公開演說，就事先把要報告的內容寫出來並做好準備。花點時間練習，想像自己站在或是坐在同事面前，並且把報告的內容說出來。你可以把要報告的內容交給會議主席，請對方唸出來，或者你可以在事前先

唸出來聽聽看，確定你聽了感覺不錯。重點是，即使是最令人焦慮的情境，你也還是有選擇，特別是當你有時間可以策劃該怎麼做。所以真正了解你的焦慮是什麼非常重要，這樣你才能更正確預測，甚至預期無可避免且可能導致焦慮的情況。你事先準備得愈充分，就愈能控制你的焦慮。

找到根源

回到會觸發焦慮的五大原因清單，然後想一想，為什麼會有這些焦慮？焦慮是怎麼來的？你的生活中還有誰有一樣的焦慮？你還在哪裡看過這些焦慮？也許你一輩子都因為沒錢而感到焦慮，是因為你的父母有這樣的焦慮；也許你的社交焦慮來自於小學時發生過丟臉的事。對大部分的人來說，就算是最普遍的焦慮，也會在我們的腦海裡描繪一個明確的景象，只要仔細想就會回想起來，所以請好好回想一下。現在挑戰來了：你能重新看待那個負面的事件（像是因為你說的話，而嘲笑你的那個惡霸）或信念（錢很難賺），然後把它翻轉過來嗎？舉例來說，你能不能接受那個惡霸對待你的負面經驗，只是一次性的事件，然後重新看待這件事，並相信自己所說的話對別人是有幫助的。或者你可以重新看待金錢，並且相信世界上的錢很多。雖然這個辦法要花

的時間，比其他緩和焦慮的辦法還要久，但即使只是找出導致你焦慮的信念，也是很有幫助的第一步。

為大腦提供能量

研究顯示，當我們食用乾淨、營養的食物，並維持血糖的平衡，就能感覺比較好、思緒更清楚。飲食是為自己補充營養。另一方面，不吃東西、節食和想像資源很少，只會減少我們的控制感，並使焦慮惡化。**具有健康脂肪的食物被證實能讓大腦平靜，而且你需要這樣的能量才能好好管理焦慮**。這是兩個簡單的策略，能幫助你將壞焦慮翻轉成好焦慮：① 今天就選擇在飲食中增加蔬菜，減少蛋白質和穀物的分量；② 在飲食中加入能提振心情的零食，包括：鮪魚酪梨吐司，或是有藍莓、核桃、南瓜籽、胡桃和烤燕麥的燕麥棒，還有就是我的最愛——有機無糖優格撒上可可碎粒。

改變睡眠習慣

睡眠對於維持最佳心理與生理健康來說非常重要，但是最近的研究顯示，約有三成的美國人每天晚上只睡不到六個小時。睡眠不足會導致免疫反應下降、壓力反應、高血壓皮質醇，以及情緒管理不佳。許多人總是很難睡得更久、更

好，或是乾脆放棄，盡量能睡多久就睡。雖然關於睡眠的書籍很多，而且都在告訴你如何避免失眠，但我發現設定特定的睡眠目標，是確保成功的第一步。

也許你的睡眠目標不是八小時而是七小時的深層睡眠。那麼你該怎麼做呢？事先計劃好一天的行程，以確保晚上的七小時能好好休息。舉例來說，在睡前的四十五分鐘（我知道這可能很難）不要看任何的螢幕，用你上床前習慣做的事，讓身體和大腦準備好睡覺。你在睡覺前會喝一杯熱的舒眠茶，還是溫的薑黃牛奶呢？或者是讀一本書？泡個熱水澡或淋熱水浴？數字彩繪？建立安靜的活動能讓身體調整速度，準備好睡覺。**你可能會很意外，睡前花夠多時間做準備，對於你能睡多久有很大的影響。**

用運動來舒緩情緒

你知道什麼樣的活動能讓心情變好，以及消除焦慮嗎？對每個人來說，有用的運動都不一樣。對我來說，是三十分鐘高強度心肺運動或是間歇運動（TABATA），雖然我無法做到所有的動作，但我還是會試著去做。這很難，但每次做完後我都會很自豪，而且會維持一整天。

現在換你了。你的挑戰就是找到一種已經在做，且能大

幅提振心情的體能活動。是健走嗎？騎腳踏車？ZUMBA？瑜伽？跳探戈？光是注意哪一種活動（或是哪一位心靈指導者）能讓你感覺最好，就能在有需要時派上用場。這麼做主要是讓你和平常做的各種運動比較和對照。哪些運動最能提升你的心情？記住這些事，這樣當你有一天需要提振心情時，就會知道哪些運動最有用。

如果你一直想多活動，但就是沒有採取行動呢？既然如此，我建議你去散步，留意一下自己有什麼感覺。也許可以比較一下散步十分鐘和散步二十分鐘的感覺有何不同，只是增加十分鐘的散步時間，大部分的人都能做得到，且會感受到對心情的影響，包括提升活力和感覺更正面。感受活動對提振心情和消除焦慮來說，有很強大的影響，因為這樣你就可以在日常生活中運用這個策略。

嗅覺放鬆法

你是否注意過，某一種味道會立即喚起你對過去的某個經驗？嗅覺線索是一種特別強大的記憶刺激，因為嗅覺是唯一直接通往海馬迴的感官。如果有一種嗅覺線索會激起某個特定「溫暖舒服」的回憶，就去找到那種味道。是你母親的香水或父親的刮鬍水嗎？是某樣你最喜歡的食物，或是某

種花或草本植物的味道？找到這些味道並放在身邊，以創造能帶來溫暖舒適回憶的嗅覺「場景」。如果無法取得能喚起這些回憶的味道，就試試不同的精油能否讓你進入溫暖舒適的狀態。我一直都很喜歡用尤加利葉來振奮精神，以及用薰衣草來舒緩。如果這些不同的味道對你來說有用，就用這些來喚起想要的情緒或心情。（請參閱頁 278 的「喜悅制約」）

Chapter

11

翻轉焦慮的工具

培養復原力

當你定期練習復原力，在需要時就能得到。你在練習時，會開始重視甚至是樂於某些失誤的發生，因為這會為你帶來新資訊。

練習樂觀

如果你想讓自己變得樂觀，可以使用這個辦法。每天早上或是晚上睡前（對你來說有用的時間），把你目前生活中所有不確定的情境都思考一遍，不論大小事都要想一遍。那個人會不會回我的訊息？我的考績好不好？孩子在學校是否順利？現在想像以上這些情境最樂觀、最棒、最美好的結

果。不只是「尚可」的結果，我說的是你所能想像的最好結果。這麼做不是要讓你因為對方沒回訊息而感到失望，而是要讓你期待正面的結果，甚至可能會讓你想出辦法，以得到最佳結果。

練習稱讚自己

歌手與演員林曼紐・米藍達（Lin-Manuel Miranda）曾在他的著作中說到，他每天一早和結束時，都會在推特發文。他會在推文分享令人振奮的訊息，可能是好笑的事、唱歌和令人愉快的事。我不知道你覺得如何，但每當我看到他接受訪談時，我看到的是一個正面、樂觀、有著典型積極心態的人。你要如何變得像他那樣有生產力、有創造力呢？顯然正向推文就是其中一個答案！這個做法是在早上和晚上結束時，提振自己的精神。告訴自己今天「會很棒」，或是在晚上稱讚自己的表現真好。我知道這對很多人來說很難（包括我自己也是），很多人會為一點點小事自責。但是與其這麼做，倒不如想一想，最支持你的人（配偶、手足、朋友、父母、最喜歡的阿姨）會對你說什麼，然後就學著告訴自己一樣的話！

拓展你的極限

現在很容易就能加入新的線上課程，或是 IG 直播
（Instagram Live）。就在幾個月前我在報上看過後，就加
入了溫布頓冠軍選手大威廉絲（Venus Williams）和她母親
一起的 IG 直播，她在直播時用氣泡酒瓶當啞鈴舉重。那一
次的運動真的很棒，令人難忘。重點是，這是免費的，或是
只要花一點點錢，就有各種運動課程可以讓你隨機選擇，請
用課程敦促自己運動吧！不論是簡單或困難的運動，只要你
能適應就好，或是你以前從沒做過的運動亦可；重要的是讓
腦－身體系統動起來。

沉浸在大自然中

科學已經一再證實，走入大自然很舒緩且療癒。你聽
過古老的日本療癒藝術「森林浴」嗎？就是走在森林裡，就
像沐浴在所有樹木製造的氧氣中。雖然我身邊沒有森林，
但我去紐約的中央公園享受森林浴般的體驗，並且前往一些
安靜、人煙罕至的地點，效果一樣很好。但如果你不喜歡森
林浴，可以待在一個自然的環境裡。深呼吸、放鬆，並且注
意聲音、味道和景色，利用你所有的感官提升對大自然的感

受。這個練習可以提升你的復原力，因為這就像是一種能量的恢復，能重拾身心平衡。

尋求外援

我記得剛搬來紐約時，經歷過一次痛苦的分手。我最好的兩個朋友是一對住在亞利桑那州的夫妻，蘇珊和約瑟夫，當我邊哭邊打電話給他們時，他們馬上就邀請我飛過去度週末。我接受了他們的邀請，我還記得當時感覺像世界上最幸運的失敗者，有朋友願意照顧我。現在回想起來，和我分手的那個傢伙根本不值得我經歷那些爛事。但我當時是真的情緒低落，不斷哭泣、難過，完全無法控制自己的身體。

當我抵達時根本是廢人一個，我記得當我把行李從車子裡拿出來時，甩門還壓到約瑟夫的手。我朋友當時正在為一些教職員同事舉辦一個小小的晚宴，以我當時的狀況，絕對可以贏得史上最令人沮喪的晚宴來賓。我根本無法假裝高興——但這通常是我的拿手絕活。現在回想當時，我知道我學到的教訓是，我不只能撐過分手的痛苦，以及好朋友是多麼的重要。他們在當時收留我、打理我、支持我。那就是幫我從分手中復原的力量，我永遠也不會忘記他們給我的愛。

尋求親友的幫助、保持聯絡，並且主動培養支持、鼓勵

的人際關係，不只能讓壞焦慮和你保持距離，還能感覺自己不孤單——這個信念在感覺到龐大壓力時、在你需要復原力才能堅持下去，以及維持身心健康時，具有很重要的作用。

當我們因為失去，或是別的沮喪的原因而感到痛苦時，很自然地會有退縮的行為。是的，我們在哀悼的動物身上看過這樣的行為。但是，你也有能力讓自己被愛你的人擁抱，讓他們來照顧你。把培養復原力當成實驗，問問自己：「你可以為朋友做的，最簡單卻能帶給對方快樂的事是什麼？」然後現在就去做那件事，並寫下做這件事帶來的感覺（這就是實驗）。如果你相信所有的神經科學研究，那麼讓我告訴你，**「無私」能讓你製造很大量的多巴胺，能讓你以有效率的方式培養復原力。**

做一件你覺得很簡單，但是朋友卻覺得很新穎或是有趣的事。每個人都可以找到能為朋友做的簡單事情，付出的努力不多，卻可以帶來很多的喜悅。你有烘焙的天分嗎？會換汽車的機油？懂得如何修電腦或手機？以我來說，我能為朋友做的事，就是為他們的孩子做羊腦解剖。我可以速度很快、很好玩，而且每次做都會得到很多樂趣。我喜歡看到他們驚訝、敬畏和好奇的反應，所以我的多巴胺的無私奉獻，

就是為朋友八到十歲的孩子，在實驗室進行羊腦解剖。所有的父母和孩子們都很興奮（雖然一開始覺得很噁心），我唯一需要準備的事就是，安排所有人都有空的時間，通常事後他們會請我吃冰淇淋！就算你不會解剖羊腦，也可以花點時間想想，你可以送給朋友們哪些特別的禮物。

提升表現並進入心流

熟能生巧

嘗試看看熟能生巧的力量吧！下週開始，就專注於練習你一直想要做但找不到時間做的事。試著每天練習至少二十分鐘，不論何時何地只要能練習就練習。記錄你練習的過程，這樣一週過後就能觀察自己的學習曲線和表現曲線。然後重複整個過程！

弄假直到成真

在你還無法靠自己進入心流時，這個練習是個很棒的方法，可以幫助你進入心流的境界。換句話說，假裝自己可以，直到真的成功！如果要成功，你必須私底下練習，不需

其他人在一旁給你「有用的」評語。練習的方法如下：選擇一個你現在還不擅長的活動或技能，但私底下希望有一天能做得很好。以我來說就是唱歌。接著，找一個隱密的地方，開始全心投入唱出你最喜歡的歌，不要擔心唱得好不好，專注於享受這個過程。**我覺得很多時候心流還沒開始，就已經被內心的完美主義者消滅了**，因為我們會比較自己的歌喉，像是和惠妮・休士頓或碧昂絲比較，或是拿自己的畫作，和馬諦斯或巴斯奇亞的大作相比。

　　這個練習其實是要看看你能否全心、享受的投入一件事中，創造出心流的感覺。我保證，只要你固定做這個練習，不只假心流最後會變成真的心流，練習的品質也會顯著改善。你還可以把這個練習運用在其他活動上，包括運動（對著牆壁或用投球機打網球，或是在練習場打高爾夫球）、繪畫、烹飪、縫紉、磨刀、打掃房子或訓練小狗。如果你只要全心享受在生活中的活動，就能產生心流呢？這個練習幫助你創造微心流，應該能大幅增加生活中產生心流的機會，就像這麼做曾幫助過我一樣。

創造新的微心流時刻

　　這麼做的目的是探索並創造新的、不同的方式來體驗

微心流，也就是當你覺得做事很順手、思路清晰的短暫時刻。但是，你該怎麼做才能有這樣的時刻呢？先試著寫一、兩週的日記，以記錄順利的時刻。當你覺得某件事讓自己感覺很好、被愛、被珍惜，或是獲得力量時，就把它寫下來，任何事都行。一、兩週後請看看寫下的項目，是否出現主題？你的生活中是否有些時刻或領域，讓你感覺很棒？也許當你在做其中某些事時，已經能創造微心流，有些則還不行。然後再看看那些能讓你感覺很棒的時刻或領域，也許和社交或獨處有關。利用這些活動來幫助創造更多的微心流。

你也可以看看這個清單是否有缺漏，也許完全沒有閱讀、看電影，或你喜歡做的事。這些都是值得探索的領域，以創造更多的微心流時刻。

練習喜悅制約

我們每個人都有過恐怖的經驗，也許是在某條暗巷裡差點被搶劫，令你很長一段時間都會遠離那個地方。這就是杏仁核造成的恐懼制約，在這個例子中，曾發生過壞事的地點（那條暗巷），現在會自動產生強烈的恐懼反應，且難以消除這種反應。其實杏仁核也會對正面情緒產生制約，我稱之為「喜悅制約」。恐懼制約已發展成強大且自動的機制，

以確保我們的安全，而喜悅制約則可以用來擴展我們的日常幸福感（尤其是特別焦慮時）。方法是這樣的，選擇一個你過去曾有過的經驗，而且要有兩個重要的元素：第一，這件事讓你感覺很好、讓你想再得到那種感覺；第二，你可以創造和那個回憶有關的嗅覺體驗。（這麼做是在利用我們對某種味道的回憶，因為我們的嗅覺系統和位於海馬迴中心的長期記憶系統，彼此有很強的連結）

　　我的例子是來自一次特別難忘的瑜伽課程。我在上課時感覺非常好，包括上犬式、下犬式，甚至連做翻犬式都像專家一樣。在上完那次令我汗流浹背的課後，我躺下來做所有人最喜歡的大休息法。我舒服地躺在瑜伽墊上時，沒想到老師走了過來，她抹了厚厚一層薰衣草霜的手在我的鼻子前揮動，然後幫我的肩膀按摩五秒鐘，那是我經歷過最舒服、滿足的五秒。我彷彿置身天堂。我也發現了當我聞到薰衣草護手霜的味道時，就會很自然地回想起那一刻，這顯示我的大腦會自動創造薰衣草護手霜和頸部按摩，加上大休息法之間的連結（就是喜悅制約）。所以，我後來都會隨身攜帶一瓶薰衣草精油，當我想要或需要喜悅或心流時，我就會打開精油瓶，重新創造那一刻。你也可以用精油或其他味道，帶你找回那個美好的回憶。同樣的，以嗅覺線索來說，這麼做

的效果最好，因為嗅覺系統與海馬迴的關係很密切（這是創造新的長期回憶所需的結構），因此特別容易把某種味道連結至生命中特定的時刻或事件。嘗試看看，利用你所找到的回憶，把更多喜悅帶到生活中。利用自己充滿喜悅的經驗以提升生活，也許會成為你最喜歡做的事！

找出積極感

不要想太多，直覺寫下十句短語來描述你現在的感覺（例如沮喪、批判、善良、不耐煩、充滿愛、憤怒、感恩等感覺），以及會有這種感覺的原因。寫完後，記住不要帶有任何的評論（這非常重要），看著寫下的十句短語，然後圈起正面的用語。接下來，多談談對正面用語的感覺。例如，為什麼會有這種感覺？這些特色如何帶給你這種感覺？盡可能提出一些深入的問題，才能真正了解並珍惜自我評估的優點。如果你所寫的短語中，正面用語沒有那麼多，也不要因此而害怕。繼續往下看，修正這個情況即可。

轉變你的負面自我談話

接下來，專注於上述清單中對自己的兩個主要負面感覺，因為我們要用「積極的心態」來轉變這種感覺。接下來，

我會列出兩件常見的事，人們經常因此責備自己，或是感到很無力，然後我會提供一些範例，教你如何轉變這種感覺。

① **一直無法達成事業目標，因而感到煩躁**

　　若你想要轉變這個常見的不耐煩或挫折，其實可以專注於事業中表現最好的部分，也許是人脈、寫報告、人員或金錢管理。這麼做的目的，是要你深入挖掘造成生活中不耐煩的事情中，哪些具有生產力或正面意義。現在請專心。如果你舊有的心態是「我一直很不耐煩，因為工作升遷不如預期的那麼快」，請把這個心態變成「我知道只要專注於強項 X 和 Y（就是之前在清單上寫過的），並且學著改善一些弱點，就能實現目標」。

② **因為找不到對象而感到挫折**

　　回想你過去的人際關係中，最重視的部分。可能是以前交往過的對象、好友（我總是能信任好友寶拉），或是你看過且一直很欣賞的人，包括父母或其他認識的夫妻或情侶。不要專注於你沒有的，把心態改變成建立一幅你想要的重要元素圖畫。你希望伴侶為你的生命帶來什麼？你想要什麼樣的情感互動？思考未來感情的基

礎，有助於你清楚評估未來的伴侶。一旦這樣思考，也能幫助你不會把注意力放在自己沒有的東西上，而是把注意力放在想打造的樣子上，如此一來，當好的對象出現時，就能更容易找到對方。

學著珍惜生命中的福分

這個工具很簡單，但我建議要定期而且要經常利用。那就是花一點時間珍惜生命中所有的福分。試著專注於你可能不珍惜的一切（你的團隊裡總是有個人能為你找到解決之道，或是感激你的房子，因為它是你每天遮風避雨的地方）。試著想一件令你感激的事一個小時，就算只是喜歡正在使用的筆，這麼小的事也可以。這個練習也會幫助你激發積極的心態轉變，以幫助你應對最困難、最有啟發性的人生目標。

延伸與強化心態

你愈常讓肌肉運動，它就會愈強壯，你的動作就會愈流暢和細緻。從很多角度來說，大腦也是這樣——愈常使用的神經網絡和路徑，就會變得更強、更有效率，也會更敏捷。我們在本書中已經看到，心態不只是一種傾向開放、彈

性和樂觀的秉性或性格特徵。我們有能力讓自己具備成長導向的心態。該如何打造積極心態的神經「肌肉」呢？答案很簡單，就是盡可能多使用它。

「使用」你的認知彈性「肌肉」最好的方式之一，就是練習從錯誤中學習，就像你學習發展積極心態一樣。很多人會去想某天犯的各種錯誤，對有些人來說，這麼做是壞焦慮的來源，因為它證明了你就是不擅長某件事。與其去擔心自己犯的錯，倒不如用它來幫助我們。你可以在一天結束時，有意識地想一想，在失誤或失禮的時刻，從中得到的新觀點或學習到的事。的確，錯誤是不平等的，不是所有錯誤都可以讓你得到改變一生的看法。有時候仔細想想，你可能會發現某件事完全不算是失誤。有時候你會很意外地發現，**不斷評估從錯誤中學到的教訓，能為你帶來很多的小知識，甚至是智慧。**

我最喜歡的一些例子，都是在匱乏或缺乏時所產生的嶄新、意外的東西。可能你只是注意到打網球時總是會打到網子，結果就有了新發現。一開始，你會一直重複相同的錯誤；不論你有多想把球打到網子另一邊，球就是不過去。然後有個老師指出，球拍接觸到球的角度把球往下壓，而不是往上打。你調整握拍的姿勢後，球會飛過網子，但是現在又

飛太高，超出界線，你就要再次調整。在上過幾週的網球課後，你終於了解該如何握網球拍和擊球，以控制揮拍和球的角度。管理焦慮與這個道理相似。當你確認了目標後，就要一直調整反應，直到朝向你要的方向。

關於如何從錯誤中學習，有個比較微妙、複雜的例子，那就是回想你犯的一個很蠢的錯誤，最好是一想起來就會感到尷尬，或是想刻意忘記的錯誤。這就是視覺化可以幫上忙的地方。也許是你在公司的活動上忘了老闆的名字。不要帶著羞恥和尷尬回想這件事，而是重新想像那個情境很順利——你記得他的名字、說了好笑的話、一切都很順利。你在心中重建那個場景，就是在創造新的記憶，足以取代當時的感覺。你不是在改變歷史，但可以清除那個丟臉時刻的回憶。另一個好處是：你永遠不會再忘記他的名字了！

強化你的注意力和生產力

重新列一張「萬一」清單

「萬一」清單就是會打斷思緒、令你因循怠惰、影響身心健康的那些討厭事。萬一下次 ＿＿＿＿ 的表現不佳，怎

麼辦（空白處可以填上報告、作文、獎學金、業績等）？萬一失業怎麼辦？萬一瘦不下來怎麼辦？大部分的人都有一堆煩心的憂慮，但這些通常是固執但未必真正值得擔心的事。所以該怎麼做，才不會讓這些事控制我們？

最近的研究顯示，兩個策略能產生強大、可靠的結果。尤其是當人們想像一件原本擔心的事卻有好結果時，以及／或是口頭說出那些「萬一」時，不只能減輕憂慮（也就是焦慮），而且還會覺得「立即感受到有能力應付」。換句話說，他們和憂慮保持距離後，才發現自己有能力處理擔心的事情。

所以，請試試以下這個練習。這很簡單，但是重複就會有效果。我建議花一個星期來做這個自我實驗，每天重複一次這個練習，寫下你的感受也很重要。

① 想一想，你最常擔心的「萬一」有哪些？

② 花五分鐘的時間，只專注於呼吸。如果心思飄走了，就把它找回來，並繼續專注在呼吸上。可能要用個計時器，以確保真的花了五分鐘在做這件事。

③ 在這個練習後，回到「萬一」清單中你選擇的項目，然後做以下其中一件事：

　　・閉上眼睛，想像你憂慮的事有好結果（例如，同

事和朋友在你簡報完後來告訴你「做得很好」，
是他們聽過的簡報中最棒的）。
· 閉上眼睛，說出好的結果是什麼（對自己說，在
簡報過後，同事和顧問都來向我道喜，說我的簡
報非常棒）。

當你開始記錄這個練習時，想一想呼吸練習之後你有
什麼感覺，然後在想像或口頭說出的練習後，也想一想自己
的感覺。你也可以對「萬一」清單中的其他項目，嘗試同樣
的事。我不能保證你擔心的事都會消失，但我可以預測，你
對這些事的忍受力會愈來愈好。你可能會覺得距離這些憂慮
愈來愈遠，並愈來愈能客觀地看待這些憂慮。

練習專注

我們總是有些事情要處理。這個十分鐘練習可以幫助
你學習專注，同時還能練習專注。做法如下：

① 當你在公司或在家工作，而工作必須很快完成時，
給自己十分鐘的時間專注於任務上。在這段期間都
不要做其他事，包括接電話、看手機、上網、看新
聞或和寵物玩。

② 如果你整整十分鐘都沒有做其他事，就可以鼓勵自己，若有必要，就先休息再開始。

③ 如果你發現十分鐘專心的挑戰還沒過，自己就開始做雜事，例如上網看影片，就寫下令你分心的原因，然後重新開始十分鐘挑戰。失敗了也不要懲罰自己。

這個練習能幫助你更清楚，哪些東西會令自己分心，以及原因。同時也要記下能專心挑戰的極限，你可以專心十五或三十分鐘嗎？當你累了，會做什麼事？這可以幫助你知道何時該讓自己休息，或是今天高度專注的活動該結束了。

改變你的環境

當壞焦慮開始增加，提升注意力最好的辦法之一，就是改變環境。如果你做一些運動，還可以提升效果。快走對改善情緒的效果很好，也可以大幅提升注意力。讓這個策略變得更好的辦法，就是為快走加上一點意義：你可以選擇一個優美或很令人心曠神怡的地點、邀請朋友一起來，或是在你逛超市、大賣場或甚至在機場時，逛得比平常更久一點。

維持冥想的習慣

如果你讀過我的第一本書《健康大腦，快樂人生》（*Healthy Brain, Happy Life*），就會知道我開始固定冥想的時候有多困難。我什麼都試過了，包括找人指導、去上課、上網看教學影片。但是什麼用也沒有。直到有人教會我茶冥想。「茶冥想」就是結合了開放覺察冥想（此時你會知道自己的想法和感覺）和泡茶品茗。對我來說，沏一壺甘甜的好茶加上冥想的儀式，讓冥想這件事有一種韻律感和目的感，這是我以前沒有感受過的。做法如下：

① 在桌子或其他地方找一個區域，放置茶壺和熱水，並準備另一個茶壺（一個人的量），裡面放足夠泡至少三杯茶的茶葉，還有你選擇的茶杯。

② 把熱水倒入茶壺中。

③ 安靜坐著等茶葉浸透。

④ 為自己倒一杯茶。

⑤ 喝茶、品味茶的風味，及熱茶溫潤喉嚨與胃的感覺。當你喝茶或等待下一泡時，你可以把注意力放在周遭環境。我總是在家中植物的附近泡茶冥想，在安靜的環境中觀察植物。如果坐在戶外，就觀察

大自然。

⑥ 重複這個儀式，直到茶壺裡所有的水泡完。

每日早晨的茶冥想時間，讓我不再尋找冥想的方法。我的生活需要這樣的儀式。雖然我並沒有去找其他形式的冥想，但我有時會試著在晨間冥想時，加入慈愛和同情心。例如，我會專注於令人感受到最強烈的愛、善良和憐憫心的人或動物，然後（如果我想要）試著把這種感覺延伸到生活中，試著專注在比較不會感到愛、憐憫和善良的人事物上。大部分的早晨，我會試著專注於對身體和心靈的感覺，讓那些稍縱即逝但想要引起我注意的想法（第一個會議是幾點？昨晚把那封電子郵件寄出去了嗎？）從身邊流逝。

專注於身體的寫作

另一個專注於當下並訓練大腦的好方法，就是定期寫作。早上起床後或晚上睡覺前，是讓想法躍然紙上的最好時間。這個練習也會幫助你的冥想。方法如下：

① 花五分鐘的時間，在日記中或任何紙張上書寫（我建議用手寫，而不要打字，因為這樣會讓你慢慢來，這個過程就會更讓你沉思和專注）。

② 寫下身體當下的感覺。你可以先從腳開始,然後慢慢往上寫,簡單描述(強壯、有力、痠痛、緊繃,不管感覺到什麼都可以),或是專注於身體的一部分或是呼吸。

試著專注於自己身體的感覺,讓你更活在當下。不論你是否只花五分鐘就寫完,或是沒有空看自己寫的所有內容(有時候我就沒空看)。重點是利用這個練習幫助你專注於此時此刻。

創造出你的創造力

深入感受焦慮

你是否曾經想出一個解決之道或是變通的辦法?雖然是你在壓力下想到的第一個或唯一的辦法,但是結果很成功?這表示你可能已經使用到某些壞焦慮。就算解決的辦法沒那麼講究,但有些焦慮引發的解決辦法,卻能幫助你越過障礙。過去你曾經想出過哪些簡易的解決辦法呢?寫下你最喜歡的辦法。舉例來說,記得有一次我的上背部和頸部非常

不舒服，因為我一整天都坐在電腦前面。在家的時候尤其嚴重，因為我花很多時間寫書。我希望家裡能有張可站立使用的桌子，但我的公寓沒有足夠的空間。我上網找到了最適合的桌子，但售價昂貴，對我的小空間來說也太大。我的彎腰駝背愈來愈嚴重。我的解決之道就是：紙巾。只要用兩捲紙巾，就能把筆電墊高到最適合我的站立高度，但當我坐下打字時，又能把紙巾輕鬆放回廚房裡。

現在換你了！生活中有什麼事讓你感到心煩或焦慮，想要撞牆呢？你如何將問題與欲望分開，以尋找解決之道？我建議你先讓自己專注於焦慮帶來的感覺，有助於想出變通的辦法。允許自己感受焦慮、煩躁或是憤怒，過程中通常會產生一個空檔，讓你創造或發明對自己來說很實用的東西。這個練習也許可以幫助你知道，原來你已經在利用「壞焦慮」發揮創意，解決問題。

寫一個新的故事

我希望本書能給你啟發，讓你知道每一個挑戰，甚至是悲劇性、充滿焦慮的情境，都可以是激發創造力的平台。在這個練習中，請想像一個過去遭遇過、充滿挑戰的情境，像是「痛苦的分手」通常是很好的例子。選擇一個比較久以

前的事件，因為不會再對你造成強烈的痛苦或焦慮，這樣才能看到完整的情況。接下來，寫一個關於分手的故事，內容要包含好的部分——也許是剛開始交往的回憶。然後，當你開始描述結果或是情勢反轉時，從旁觀者的角度來描述這些事件。最後，找出那段感情中最好的部分，包括你從中學到有關自己的所有教訓，以及如何經營感情，還有那段經歷對你現在的幫助。這是一種重新看待事情的實驗，但是寫故事能讓你創造新的想法，並回憶一段痛苦的學習經驗。

刻意的創造力

現在該你運用注意力，來練習刻意的創造力了。想一想生活或工作中，某個你很想解決的問題，或是想精進的技能。然後用大腦前額葉皮質裡集中的注意力網絡，系統性地探究和搜尋問題或任務。和別人聊聊他們曾經如何解決問題，查一查你找到的所有相關的解決辦法。花點時間解決這個問題，這樣你就能比以前更深入思考每一個步驟。你可能會想要嘗試不同的解決辦法，重點是利用這種刻意、以注意力為中心的方法，來探究創造力。想出至少三種不同的解決之道，然後檢視這些辦法。

自發性的創造力

這次，請找另一個你想要解決的問題（舉例來說，如何規劃三餐而不浪費食物、如何讓你的家更環保）。這次使用自發性的創造力，讓你的心緒漫遊（利用大腦的預設模式網絡，也就是心智漫遊網絡），以間接解決問題。請注意，上一個練習和這個一樣，都需要使用好焦慮的重要面向，並以更直接的方式，刻意使用創意解決問題；或是以間接的方式，專注於其他可能激發解決方案的想法。

作一個清醒夢

好幾個世紀以來，作夢都被認為是靈感和創造力的來源。有一種夢稱為「清醒夢」（lucid dream），可以有意識地練習，並且用於激發更有創造力的想法或是洞見。正式來說，清醒夢是作夢的人知道自己正在作夢。雖然心理生理學家史蒂芬・拉柏吉（Stephen LaBerge），針對清醒夢做過相當多研究也寫了一本書，並提供詳細的步驟，以練習和加強這種醒著作夢的方法。現在，你也可以利用下列的簡化方式來改造自己，以體驗清醒夢。愈常練習這些步驟，大腦就愈會開始注意你的夢境。

① 睡前先決定你要作的夢；也就是有個目標或意圖。

② 冥想這個意圖，然後有意識地睡著。

③ 當你逐漸睡著時，想像自己身在意圖或目標的情境當中。

④ 記住一些特定的細節，並專注於細節；這可以幫助你累積記憶。

⑤ 醒來後，不論是晚上或是早上，都盡可能清楚寫出夢境。

觸摸讓人感到心安

一項二〇一二年的研究顯示，按摩會使人體內的催產素增加，有助於減輕壓力。還有什麼能增加大腦內的催產素和降低壓力呢？雖然這項研究沒有說明是因為刺激（像是坐按摩椅），或是人的接觸，使得催產素增加，但如果你下次想要按摩時，這就是個很好的理由！觸摸的力量是無可否認的。這就是新生兒會被放在母親胸口上的原因；這也是牽手能讓心溫暖的原因，及腳底按摩很讓人放鬆的原因。**肢體的接觸會釋放催產素和多巴胺，這些都是能讓大腦產生好感的元素。**

擁抱

如果按摩會使催產素增加，那麼不意外，其他身體的接觸，包括擁抱、愛撫、親吻以及性愛也會使大腦中的催產素增加，並讓你感覺很棒。有時候你真的只是需要一個擁抱，所以別害怕開口要求。

大笑出聲

大笑也會使催產素增加，禮貌性的微笑若沒用，就看一部好笑的電影、喜劇表演、電視劇，甚至是你最喜歡的家庭影片，讓自己笑一笑。給自己一個大笑的週末，只選擇會讓你笑的活動。你可以給自己各種大笑的機會，包括看父母的抖音影片；看《週六夜現場》的舊影片；找電影的 NG 片段來看；在喜劇頻道找脫口秀新人的演出等。

利用焦慮提升你的社交肌肉

社交智商是可以發展的。以下是幾個簡單而有效的方式，可以利用你的同理心、與他人連結，並且強化你的同情心，同時利用焦慮。

- 你被任何一種不好的回憶觸發了嗎？首先，提醒自己你很感激的某個人（這個人可以是和引起焦慮的回憶無關），然後花一點時間，寄一張手寫感謝卡給他，內容要描述你感激他的原因。文字可以很簡短而貼心，但我保證收件人不只會很喜歡，還會想加強你和他的連結。
- 擔心金錢的問題嗎？請捐款給某個非常需要一筆錢的慈善機構，這樣可以讓你看到大局。
- 擔心錯過什麼嗎？傳三則友善的簡訊出去吧！只是打招呼或問個問題皆可。
- 因為考試而焦慮嗎？找人透過 Zoom 和你一起組讀書會。
- 擔心工作嗎？請公司比你資深的前輩指導自己，規劃如何更上一層樓。

你看出主題了嗎？我引述黛安娜·羅絲（Diana Ross）的歌詞：「伸出手接觸別人，讓世界變得更美好。」溝通是關鍵，如果面對面（或是用視訊）太可怕，那就用傳統的方式，寄一封信，或是現代的方式，像是傳簡訊。你知道意外收到朋友的訊息說「很想你」，那種感覺有多好嗎？給別人

這種感覺，並且注意如果對方回覆，你的感覺是什麼！

微笑的科學

　　練習社交肌肉最快速而簡單的方式就是微笑。這也是有科學根據的。堪薩斯大學的一項研究顯示，相對於不微笑的人，在一連串有壓力的任務時，被要求「假裝」微笑的人，壓力反應比較低；假裝的微笑愈大，壓力反應就愈低。事實上，研究員顯示，就算是用木棍把嘴唇往上推成微笑的樣子，也可以比完全不微笑更能降低壓力反應。雖然這個反應的特定機制並沒有經過檢驗，但是經過反覆測試，成效類似深呼吸對壓力和焦慮的效果。深呼吸會啟動能降低壓力和焦慮的副交感神經系統（parasympathetic system）。同樣的，即使是假裝微笑，也可以啟動相同的「調整」（rest and digest）反應。

　　重點是：苦笑撐下去，比你所知的更能幫助你度過焦慮時刻。

焦慮可以
是一種能力

　　《改造焦慮大腦》這本書要談的是，如何擁抱焦慮的各種面向，包括焦慮教我們的各種資訊，引導我們走向更有滿足感、創造力、減輕壓力的人生。我希望現在的你知道，**焦慮可以是種能力，而不是一個詛咒**。我也希望你從科學的角度來看，你比自己所想的更能控制思想、感覺和行為。的確，本書提供的研究、故事和練習，都見證了大腦的彈性和可塑性，以及好焦慮確實能激發可塑性、學習與適應的動力。正面的心態、生產力增加、熱情、表現的能力、創造力的火花，以及強化的復原力——這些都是知道並接受大腦和焦慮的一切後，其所帶來的額外好處。但是還有一個超能力我想要和你分享，那就是「愛」。

　　我父親與弟弟的過世，永遠改變了我的人生。其中一

個立即的效應就是，加強了我和母親、弟媳和侄女之間的關係。沒有別的方法可以形容：我們現在變得更親近。我們現在更深入、更有意識地珍惜彼此，這樣的愛也擴及所有的親朋好友。這也改變了我生活中各種大小事的優先順序，包括如何過生活（花更多時間和親友一起歡笑、別花那麼多時間獨自在實驗室和審閱研究），以及我想要創造的東西（幫助人們善用大腦以發揮長才）。

這種更豐富的愛的能力，使這本書忽然在我心中變得更清晰，下筆也變得更容易。我直到弟弟身故後才發現，我一直都沒有展現出對他的愛。也許是因為手足間仍存在一些競爭關係，或是我自己還是太幼稚。他的死讓我知道，原來我們的愛非常有意義。

有句老話說：「總在人離開後，才知道對方對我們來說有多重要。」這句話對我來說是毫無疑問的真理。另一方面，我覺得如果不是因為失去了弟弟，我可能永遠也不會對他感受到這麼深刻的愛。這些痛苦既是我對他的愛的表現，也讓我找到全新、更多的愛的超能力。這樣的愛，也產生了本書中提及的各種超能力（即因焦慮而產生的）。

我現在知道，人生中的失去、傷痛、苦難和考驗，都會帶來深度、理解和智慧。而最高境界的體現就在於我們對

生活深入的愛。最後，我發現自己不斷成長及改變，雖然我失去了父親與弟弟，但這也令我成長。

我希望你也得到啟發，進而去感受愛、接受愛和散播愛。我認為，愛是最強大的超能力；每一天都不吝於散播愛，這是無法衡量的超能力。

溫蒂·鈴木 博士
二〇二一年四月四日

致謝

　　我要感謝我的共同作者和寫作夥伴——比莉・費茲派屈克，謝謝她的智慧、耐心和高超的寫作能力。謝謝我超棒的經紀人雅菲特・瑞斯・甘德爾，她是個充滿創意的狠角色。謝謝超棒的編輯莉雅・米勒，她充滿正能量、願景以及絕佳的編輯能力。

心靈漫步
改造焦慮大腦
善用腦科學避開焦慮迴路，提升專注力、生產力及創意力

2022年12月初版　　　　　　　　　　　　　　　　定價：新臺幣420元
2023年7月初版第二刷
有著作權‧翻印必究
Printed in Taiwan.

著　　者	Dr. Wendy Suzuki	
譯　　者	呂　佩　憶	
叢書主編	陳　永　芬	
校　　對	陳　佩　伶	
內文排版	葉　若　蒂	
封面設計	謝　佳　穎	

出　版　者	聯經出版事業股份有限公司	副總編輯　陳　逸　華
地　　　址	新北市汐止區大同路一段369號1樓	總　編　輯　涂　豐　恩
叢書主編電話	（02）86925588轉5306	總　經　理　陳　芝　宇
台北聯經書房	台北市新生南路三段94號	社　　長　羅　國　俊
電　　　話	（02）23620308	發　行　人　林　載　爵
郵政劃撥帳戶第0100559-3號		
郵　撥　電　話	（02）23620308	
印　刷　者	文聯彩色製版印刷有限公司	
總　經　銷	聯合發行股份有限公司	
發　行　所	新北市新店區寶橋路235巷6弄6號2樓	
電　　　話	（02）29178022	

行政院新聞局出版事業登記證局版臺業字第0130號

本書如有缺頁，破損，倒裝請寄回台北聯經書房更換。　ISBN 978-957-08-6601-8 (平裝)
聯經網址：www.linkingbooks.com.tw
電子信箱：linking@udngroup.com

國家圖書館出版品預行編目資料

改造焦慮大腦：善用腦科學避開焦慮迴路，提升專注力、
生產力及創意力/ Dr. Wendy Suzuki著．呂佩憶譯．初版．新北市．聯經．
2022年12月．308/面．14.8×21公分（心靈漫步）
譯自：Good anxiety
ISBN 978-957-08-6601-8（平裝）
［2023年7月初版第二刷］

1.CST：焦慮　2.CST：情緒管理

176.527　　　　　　　　　　　　　　　　111016756